Negócio

360°

Fernanda Tochetto · Isaac Bertuol

Organizadores

Alex Roveda · Bárbara Masiero · Carlos Arnholdt e Bruna Medina Finger Arnholdt
Clarissa Celestino · Clarissa Rocha Daudt · Cristiana Schumacher
Darlan Wilsmann · Fabiana Bergamaschi · Fernanda Dorneles · Franciele Diehl
Guilherme Cavagnoli e Nathália Cavagnoli · Iago Atila Azevedo Couto
Igor Azevedo · Jhonny Martins · João Brognoli · Josi Birckheuer Richter
Josiéli Barkert · Lidiane Pretto · Lisandra De Bona · Maria Cristina de Lima Frosi
Marta Regina · Patrícia Jimenes · Rafaela Troian · Suzane de Azevedo
Tatiana Hauschild e Nathã Giuseppe Longhi · Vagner Balzan

Negócio
360°

Tudo o que você precisa saber para transformar
suas ideias em lucro

PREFÁCIO DE FABI E CAIO CARNEIRO

Gente
AUTORIDADE

Diretora
Rosely Boschini

Gerente Editorial Sênior
Rosângela de Araujo Pinheiro Barbosa

Editora Júnior
Rafaella Carrilho

Assistente Editorial
Mariá Moritz Tomazoni

Produção Gráfica
Fábio Esteves

Edição de Conteúdo e Coordenação Editorial
Franciane Batagin Ribeiro | FBatagin Editorial

Preparação
Gleice Couto

Capa
Bruno Miranda | Cavalo-Marinho Estúdio Criativo

Projeto Gráfico e Diagramação
Gisele Baptista de Oliveira

Revisão
Algo Novo Editorial e Alanne Maria

Impressão
Santa Marta

Dados Internacionais de Catalogação na Publicação (CIP)
Angélica Ilacqua CRB-8/7057

Negócio 360° : tudo o que você precisa saber para transformar suas ideias em lucro / organizado por Fernanda Tochetto e Isaac Bertuol. - São Paulo : Autoridade, 2024.
256 p.

ISBN 978-65-88523-98-8

1. Negócios 2. Sucesso nos negócios 3. Gestão I. Tochetto, Fernanda II. Bertuol, Isaac

---

24-0243 · CDD 650.1

Índices para catálogo sistemático:
1. Negócios

nota da publisher

Percebo o mundo dos negócios como um complexo tabuleiro em que cada jogador pode determinar o próprio sucesso ou fracasso. É um cenário de incertezas no qual cada decisão definirá o destino da vida e dos negócios, então por que não olhar esse ecossistema a partir de uma visão ampla que abrange, em conjunto, as perspectivas dos mais valiosos experts do mercado atual?

Assim nasceu esta obra, organizada por Fernanda Tochetto e Isaac Bertuol, cujo objetivo não poderia ser mais nobre: iluminar, a partir das mais variadas perspectivas, o caminho incerto dos negócios que querem vencer e se perpetuar. Aqui você encontrará 31 especialistas que falarão sobre desenvolvimento pessoal e profissional de casais, estratégia, gestão, assessoria de imprensa, marketing digital, liberdade empresarial e muito, muito mais.

Fernanda e Isaac, como verdadeiros agregadores de uma comunidade de impacto, oferecem o que há de melhor para que você possa sair do rascunho e destravar o seu negócio e a sua vida. E sem estragar a sua surpresa ao longo da leitura, posso adiantar que a visão 360° oferecida pelos autores cria um valioso case de estratégias, conselhos e ferramentas que, quando aplicadas, formam um mapa precioso para a excelência nos negócios e na vida.

Então permita-se embarcar nessa jornada. Deixo aqui o meu convite para que você leia, explore, anote e coloque em prática tudo o que aprender. Descubra os segredos guardados a sete chaves de cada um dos autores e vá além: chegou a hora de transcender as barreiras do que é convencional e seguir em direção ao sucesso. Boa leitura!

ROSELY BOSCHINI
CEO E PUBLISHER DA EDITORA GENTE

sumário

prefácio

DE FABI E CAIO CARNEIRO

Para nós, estar aqui é uma responsabilidade singular. Primeiro, porque ter um negócio é algo que, em alguns momentos, envolve uma complexidade enorme, e essa, por sua vez, atinge o seu ápice e cria um cenário tão foda que acaba desafiando a resiliência de qualquer visionário. E não estamos falando apenas de desafios isolados, mas sim da convergência de obstáculos que testam os limites daqueles que decidem trilhar esse caminho.

No campo dos negócios, o empreendedor lida com as flutuações de mercado, os problemas de gestão, a falta de sintonia entre os sócios, os concorrentes que disputam cada um a sua fatia do nicho e dúvidas e mais dúvidas acabam envolvendo desde as decisões mais simples até as mais complexas. Você já se sentiu assim?

Depois, em um segundo momento, sentimos uma imensa responsabilidade ao prefaciar este livro pelo simples fato de que, nessa montanha-russa da vida empreendedora, quando conectada com a vida pessoal, os efeitos colaterais podem ser ainda mais complicados. Sem as ferramentas corretas, no fim do dia bate a incerteza, a frustração, a dúvida, a tristeza e o desânimo. E isso acaba sendo refletido em toda a família.

Ou seja, se estamos falando de indivíduos sozinhos, as consequências são enormes. Quando falamos de casais, eles precisam estar ainda mais alinhados para seguir rumo a um objetivo. No fim, não é como uma subtração, mas uma soma em que um mais um pode corresponder ao infinito de possibilidades.

A verdade, entretanto, é que a habilidade – e o sucesso – de alguém não é medido apenas por suas vitórias, sejam elas no âmbito pessoal ou empresarial, mas sim a partir do conjunto de pequenos outros ganhos que vão acontecendo ao longo da jornada. Por exemplo: de que adianta ter uma empresa de sucesso que fatura milhões se a sua família está com problemas? De que adianta ter sucesso nas redes sociais se você tem um conteúdo vazio e sem um propósito? Ou então: de que adianta ter uma família perfeita se o seu negócio vai de mal a pior? Se os seus resultados não chegam, você não está vendendo como deveria, tem dúvidas sobre liderança e gestão? Em todos os casos, a consequência é uma só: uma área pode influenciar a outra e precisamos escolher o caminho correto para não nos perdermos nesse labirinto.

Se você tem um problema de gestão, você busca conteúdo para melhorar esse quesito. Se está com um problema de comunicação, pode procurar uma comunidade de impacto que ajude você a mudar o jogo. Se está em dúvida sobre as finanças empresariais ou sobre a contabilidade, pode procurar especialistas que abordam esse tema ou até mesmo uma consultoria que irá ajudar você a estruturar os números. Se sente que está precisando mudar a mentalidade sobre algum tema, irá atrás de quem fala sobre isso.

Então, se formos analisar essa lógica, no fim das contas a vida é um grande passo que damos em direção ao desenvolvimento. Para fazer isso, combinamos temas, áreas, expertises e valores. Alinhamos expectativas, acertamos a rota buscamos o que nos falta, melhoramos as nossas deficiências e damos enfoque ao que fazemos de melhor.

Hoje não existe mais um cenário no qual podemos ignorar a inovação tecnológica e como a transformação digital está impactando os negócios. Do mesmo modo, não podemos deixar de ter inteligência emocional para lidar com a vida e com o mundo corporativo. Marketing digital é fundamental e quem não se preocupa com o on-line muito provavelmente ficará de fora do jogo. Estratégias de gestão, cultura, mindset e tantos outros temas precisam ser pautas constantes. E este é o cenário que você encontrará aqui!

Fernanda e Isaac, cientes da necessidade de algo que fosse além do básico e trouxesse com profundidade um compilado de ferramentas para vida e para os negócios, organizaram uma obra única com os temas mais relevantes do mercado e os especialistas mais importantes de cada área. Aqui você aprenderá das finanças ao empreendedorismo, da gestão ao desenvolvimento pessoal e profissional de casais, da assessoria de imprensa ao marketing, da liderança ao mindset. E esses são apenas alguns dos exemplos!

É um conteúdo rico que mudará a sua mente em relação ao que tem feito hoje. Um guia prático sobre negócios que pode ir além e ajudar você em sua vida. Em *Negócio 360°*, não temos como negar que a visão é mesmo universal. À medida que mergulhar nas páginas, você será guiado em uma jornada que vai além das fronteiras comuns e apresenta um quebra-cabeça de temas que, no fim, quando conectados, formam uma imagem maior com um panorama diverso. E em um mundo no qual a adaptação é a chave para o sucesso, aqui temos os princípios para moldar – ou remoldar – o que você tem feito hoje em seu caminho pessoal e profissional. Você está preparado?

Em seu primeiro livro, Fernanda Tochetto fez um convite para os leitores saírem do rascunho e construírem a vida que sempre sonharam. Ousamos dizer que aqui ela foi além: ao lado do Isaac, ela construiu, em uma obra, um universo de possibilidades para quem está precisando de ferramentas variadas. É uma abordagem direta ao ponto, páginas sem floreios ou linhas desnecessárias.

Por fim, como acreditamos no poder das palavras, queremos que você carregue isso dentro de si. Elas têm a capacidade de mudar vidas e temos certeza de que mudarão a sua também. Combine sabedoria com ação. Seja foda, leia com atenção tudo o que verá a partir de agora e prepare-se para se desafiar. No fim, garantimos que o esforço valerá a pena e você estará muito bem-acompanhado nesse percurso.

Boa leitura e, acima de tudo, ação!

CAIO CARNEIRO
É EMPREENDEDOR, PALESTRANTE E
AUTOR DO BEST-SELLER *SEJA FODA!*

FABI SAWAYA CARNEIRO
É EMPREENDEDORA E MENTORA

introdução

DE FERNANDA TOCHETTO E ISAAC BERTUOL

Vivemos em uma época na qual devemos cada vez mais valorizar o nosso tempo, as nossas relações interpessoais, as nossas escolhas e a maneira como encaramos a vida. Essa é uma premissa que carrego dentro de mim e é por meio dela que eu, Fernanda, criei o Tittanium Partners, um grupo de empresários e empreendedores que valorizam os mesmos pilares.

Quando começamos – e até agora em todas as nossas mentorias –, nosso objetivo não era deixar apenas um legado, mas perpetuar a nossa história por meio do conhecimento, das conexões e das oportunidades que geramos no ecossistema no qual estávamos e estamos inseridos.

Assim, ao criar esse grupo, percebi também que ali existiam histórias, metodologias e conteúdos preciosos que poderiam se transformar em um livro. E convidei meu marido Isaac para trilhar mais esse caminho ao meu lado. É por esse motivo que estamos aqui, nós dois e você, caro leitor. A nossa comunidade conta com seres humanos incríveis, dedicados, engajados com o aprendizado e com a aplicação de princípios que transformam o mundo. Somos apaixonados por contribuir com a nossa sociedade! E aqui queremos contribuir com você.

Ao lado de diversos especialistas, cada um a partir da própria experiência e metodologia, você encontrará capítulos únicos que falam sobre gestão, negócios, empreendedorismo, marketing, liderança, finanças e desenvolvimento pessoal a partir de perspectivas que olham para contabilidade, assessoria de imprensa, marketing digital, liberdade empresarial, estratégia, cultura organizacional, investimentos, mindset, desenvolvimento pessoal e profissional de casais e muito, muito mais.

Na prática, somos profissionais reais, com realidades diferentes e muitas ferramentas para entregar, com o objetivo de fazer com que você alcance as mudanças que tanto deseja. Por isso, falamos de coração aberto e cheio de orgulho que aqui você entenderá de modo prático e detalhado tudo o que precisa saber para se desenvolver pessoal e profissionalmente, na vida e nos negócios.

Ao englobar autoconhecimento, inteligência emocional, família, metodologia, ferramentas, experiência e bagagem de cada autor, os capítulos entregam possibilidades de sucesso e transformação. Você está segurando em mãos um check-up de oportunidades reais e aplicáveis para tirar do rascunho os seus objetivos e ampliar a sua vida e o seu negócio.

Em outras palavras, queremos enriquecer a sua jornada a partir desta leitura, principalmente contribuindo para que os seus resultados sejam expressivos e se multipliquem. Queremos que a sua família realize os próprios sonhos assim como nós fizemos, queremos que a sua empresa contrate mais pessoas e assim possa gerar mais empregos. Queremos que você viva com mais realização e seja mais feliz ao lado de quem ama. Queremos que você viva mais e melhor!

Chegou a hora de pegar papel e caneta e tirar do rascunho tudo aquilo que vai elevar você ao próximo nível! Esperamos que aproveite cada palavra e coloque em prática tudo o que aprenderá. Este é o primeiro passo para o seu sucesso.

Ótima leitura!

Somos apaixonados por contribuir com a nossa sociedade! E aqui queremos contribuir com você.

I.

LIBERDADE CRIA VALOR

#liberdade #equity #crescimento

Vagner Balzan é empresário, mentor e ensina pessoas a transformarem empresas em ativos, criando liberdade para donos de negócios. Empreendendo desde a adolescência, Vagner atuou por quinze anos na indústria de materiais de construção civil e por quatro anos no mercado de assessoria de investimentos. Cursou Administração de Empresas e Engenharia Civil. Dentro dos seus empreendimentos, desenvolveu a sua metodologia de geração de valor, a qual hoje ensina a seus alunos.

Amante de viagens e esportes, comunicativo e bom comerciante, está sempre pronto para novos desafios e para desafiar quem se conecta com a liberdade, criando valor para os seus negócios.

Vagner Balzan

@vagnerbalzan

© Igor Azevedo

Ei, você, que tem um negócio, porém não tem liberdade para fazer praticamente mais nada a não ser viver pela empresa. Ei, você, que fala, sente ou usa alguma das seguintes frases: "Eu só trabalho, e dinheiro na minha conta que é bom nada"; "eu trabalho dezoito horas por dia para dar tudo o que eles querem, mas minha/meu esposa/marido só sabe me criticar"; "poxa, meu filho está se formando e nem vi esse menino crescer"; "estou tomando remédios para acordar e remédios para conseguir dormir"; "do que adianta o meu dinheiro se não tenho com quem dividir as conquistas?".

Se você se identificou com esse cenário, continue aqui neste capítulo, pois precisamos conversar. Esses casos, e muito provavelmente o seu, são o do famoso – e legítimo – *empresidiário*, que só se preocupa em trabalhar e não pensa na empresa como negócio. Em outras palavras, em algum momento você se dá conta de que a vida está passando e você não está vivendo. Talvez seja um tanto difícil começar falando isso, mas é extremamente necessário para que você enxergue a realidade. Não desista dessas páginas, porque vou mostrar um caminho para que essa situação mude e você possa finalmente ter liberdade para melhorar e viver com plenitude todos os pilares da sua vida. Mas, antes, quero explicar um pouco sobre o cenário das empresas brasileiras.

Em 2023, o Brasil contou com 2,7 milhões de novas empresas, das quais 93,7% são microempresas ou de pequeno porte.[1] Sendo assim, comumente temos o dono muito presente na operação do negócio. No início, até se faz necessário esse cuidado e intervenção, porém, com o passar do tempo, esses empreendedores sentem-se presos, pois estão muito acostumados a serem centralizadores e a fazerem com que toda a operação dependa deles. A sensação de ser empresidiário é muito comum, e essas pessoas começam a sentir o peso na vida pessoal, pois não tiram férias, convivem pouco com a família e não veem os filhos crescerem. Fazem tudo isso em nome do negócio. E o resultado? Com o passar do tempo, percebem que o custo pessoal não compensou o retorno financeiro.

Percebo que outra questão muito recorrente é que os empresários do Brasil, em grande maioria, não enxergam as suas empresas como ativos financeiros. Quando o empreendedor decide mudar de carreira ou se

1   BRASIL tem 2,7 milhões de novas empresas em 2023. **Ministério do Desenvolvimento, Indústria, Comércio e Serviços (MDIC)**, 26 set. 2023. Disponível em: https://www.gov.br/mdic/pt-br/assuntos/noticias/2023/setembro/brasil-tem-2-7-milhoes-de-novas-empresas-em-2023. Acesso em: 6 nov. 2023.

aposentar, a decisão mais comum é fechar a sua empresa. Porém, essas pessoas não conhecem o poder que o *equity* tem na criação de fortuna pessoal. (*Mas espera aí, Vagner, o que é equity?* Equity é, em tradução livre, o patrimônio líquido depois de feito o balanço da empresa, e a sua importância está em trazer para o presente o valor que a empresa produziria ao longo de anos futuros.) E isso acontece porque estão muito envolvidos na operação e deixam de perceber a importância de se ter processos bem definidos e pessoas bem treinadas para as áreas vitais do empreendimento. Ou seja, os proprietários são o negócio, e isso tira a liberdade do empreendedor e o impede de levantar a cabeça e olhar para a frente, de pensar estrategicamente a sua vida pessoal e como o seu negócio vai contribuir para que ela seja plena e feliz.

Em outra análise, quando olhamos para a perpetuidade e para o valor de mercado ao estruturar um negócio, essa empresa para de depender exclusivamente da figura do dono e passa a ter "vida própria", gerando, assim, liberdade para o proprietário viver todos os pilares da sua vida, permitindo que haja autocuidado, tempo para a família, viagem dos sonhos, possibilidade de tocar mais de um empreendimento e até mesmo a diminuição das chances de doenças mentais, como o burnout, que se tornou tão comum entre executivos e empresários.

Quando se usa o jargão "CNPJ não morre", estamos nos referindo ao fato de que negócios são feitos para a perenidade, mas para isso precisam de estrutura e planejamento. Uma empresa bem-estruturada carrega valor no tempo, garante prosperidade às famílias que dela tiram o seu sustento, gera um país mais inclusivo, leva riqueza para as próximas gerações, promove o melhor de todos os programas sociais que é gerar empregos. Percebe qual é a lógica aqui? É uma relação ganha-ganha para todos!

Além disso, em minha experiência, percebo que esses empreendedores, que estão cansados e sobrecarregados, falam frases como: "Eu não aguento mais", "ninguém faz nada direito aqui", "se eu não estou aqui nada acontece", "eu falei isso praticamente agora e fizeram o contrário", "não posso nem ficar doente porque essa empresa não funciona sem mim". Essas são frases comuns de pessoas que se sentem presas aos seus negócios, que não têm processos claros e que não sabem contratar ou delegar. São pessoas que normalmente falam que ter funcionário é um mal necessário e que eles só geram dor de cabeça. Você sente isso ou conhece alguém que sente? Caso conheça alguém, não deixe de presenteá-lo com este livro para que ele também possa ler este capítulo.

Avançando mais em nosso tema, os principais motivos para que isso aconteça são a escassez e a crença de merecimento. Em primeiro lugar, falando sobre a escassez, vejo que empreender por necessidade é a realidade de muitos empresários, isto é, a falta generalizada sempre esteve presente na vida dessas pessoas, gerando uma mentalidade que dita que o investimento em consultorias, pessoas e processos não é possível porque vai fazer com que falte dinheiro.

Por outro lado, a crença de merecimento diz que fomos criados em uma sociedade em que se associa maiores ganhos a maiores números de horas trabalhadas. Sendo assim, inconscientemente, as pessoas acreditam que a empresa cresce à medida que o número de horas na operação aumenta. É algo alimentado por uma cultura que diz que o trabalho intelectual e estratégico não tem valor. Provavelmente, essa pessoa cresceu escutando os pais reclamando do quanto o chefe os explorava enquanto ele próprio "não faz nada, só fica no ar-condicionado" ou "enquanto o dono viaja, nós estamos aqui sofrendo". Cresceu escutando que o patrão desfruta do trabalho dos outros.

Esses são os cenários mais comuns e quero afirmar algo importantíssimo que você deve gravar a partir de agora: o seu negócio só será verdadeiramente próspero quando você se libertar dele! *Mas, Vagner, como assim me libertar?* Calma, eu vou explicar para você e vou usar uma historinha para isso.

Imagine que a sua empresa é um avião, porém, neste avião, só existe o piloto. O piloto serve café e lanches, abastece, atende os pedidos dos passageiros. Contudo, enquanto o piloto atende toda a operação da aeronave, quem está pilotando? Quem está atento ao radar? Quem está respondendo a torre? Essa é a lógica! A sua empresa é como esse avião: se você não estiver preocupado em pilotar, nem ela nem você vão voar e o resultado pode ser catastrófico.

Essa metáfora do avião descreve a gigantesca maioria dos empresários, que colocam toda a operação em torno deles, que fazem como Luís XIV de França, o Rei Sol, com inúmeras pessoas para atender ordens e ninguém para pensar, limitando, assim, a capacidade de crescimento do negócio e das pessoas ao redor, perdendo dinheiro, negócios e talentos, para, no fim, colher uma empresa que não tem valor de mercado algum como marca ou negócio, pois eles mesmos são a empresa.

Pensando sobre isso, quero apresentar cinco passos que se baseiam na metodologia Value Plus, que criou mais de R$ 40 milhões em valor de mercado em meu negócio. Vamos lá?

1) VISÃO DE NEGÓCIOS

"Para quem não sabe aonde quer chegar, qualquer lugar serve." Essa frase resume a importância de se definir a visão para curto, médio e longo prazo do seu negócio, pois isso dá sentido e propósito ao que você está fazendo. A visão define as metas menores, engaja e motiva as pessoas que estão no projeto.

2) VENDAS E MARKETING

Essas áreas são o coração de *qualquer* empresa. "Você só tem um negócio se tiver venda e produto", como disse João Apolinário, em uma entrevista que vi no podcast do Joel Jota. Atualmente, todos os setores das empresas existem para servir esses dois pilares, sem exceção. Vendas são o coração de qualquer empresa. Se não existir, todos os outros setores perdem as suas funções.

Já o marketing tem como função mover o mercado. Abastecer a base e ser a inteligência do processo de vendas, atuando antes e depois, divulgando, captando, se comunicando e medindo o resultado que as ações da empresa estão gerando.

3) GESTÃO E INDICADORES

Aqui está a chave da sua jaula. Não existe como deixar de ser prisioneiro do próprio negócio sem *processos*. Para a estruturação e profissionalização de uma gestão, você precisa estabelecer procedimentos e métodos para quatro áreas básicas: finanças, vendas, pessoas e produção. A partir desses processos, você gerará indicadores que dirão como está o funcionamento da sua empresa. Lembre-se: o que não se mede, não se pode gerenciar.

4) DADOS E CRESCIMENTO

Com processos e indicadores estruturados, você passa a gerar dados. E, olhando para isso, você controla a sua empresa de onde estiver. A partir dos dados, pode-se projetar o crescimento.

5) *EQUITY*

Aqui está a cereja do bolo! *Equity*, como vimos, é o patrimônio líquido ou a participação acionária de uma empresa. Em outra análise, é o valor que sobra dos ativos do negócio após a dedução de todas as dívidas e passivos. Ou seja, o *equity* resume quanto a sua empresa vale no mercado. E ele pode ser projetado para atingir valores maiores.

Então, analise esta etapa como um diamante em uma joalheira, pensando que ele foi extraído, lapidado, trabalhado e agora está exposto para venda. Neste pilar, a sua empresa se torna uma joia única e, caso você a venda, receberá o valor de anos futuros de rendimentos.

Com esses cinco passos, você poderá se libertar. Tenho certeza! E sabe como sei disso? A metodologia Value Plus nasceu quando eu, aos 23 anos, decidi que não queria mais empreender na indústria de materiais de construção e descobri que o projeto para o qual dediquei uma década de trabalho duro valia pouco mais que algumas centenas de milhares de reais. A frustração me definiu. Fiquei decepcionado e me perguntei: "O que eu fiz da minha vida?".

Foi então que enfiei a cara nos livros e decidi criar um negócio que, se não fosse vendido, não dependeria mais de mim para funcionar e eu poderia empreender de onde quisesse. Porém, eu não fazia ideia de como isso seria feito e resolvi revisitar os conceitos da faculdade de Administração para entender melhor.

Cinco anos depois, os frutos foram colhidos: tenho um negócio estruturado, com processos, dados e pessoas que geram resultados sem depender de mim. Meu negócio bateu 35% ao ano de crescimento, sendo 100% durante a pandemia de Covid-19, e hoje está avaliado em mais de 40 milhões de reais. Foi assim que a minha metodologia transformou a minha história: saí do papel de um jovem frustrado com o seu desempenho profissional para a figura de um multimilionário e multiempresário antes dos 30 anos, possibilitando mudar toda a minha vida de patamar: a minha jornada, a da minha família e a de dezenas de pessoas que fazem parte dos meus empreendimentos.

Por isso, afirmo com toda a certeza: liberdade cria valor não somente para o seu negócio; cria valor para você e para quem você ama. E criar valor não significa simplesmente liberdade financeira, mas sim liberdade para ter a vida extraordinária que você nasceu para viver. A liberdade do seu negócio ensina você que a vida não é sofrimento, que dinheiro não tem que ser sempre conquistado por sangue e suor, afinal, se ninguém contou até agora, faço questão de reforçar: dinheiro permite que você tenha acesso a tempo, e esse tempo gera liberdade de escolha. Esse valor criado pela liberdade permite que você veja os seus filhos crescerem, permite que você viva uma vida plena como marido ou esposa, que você vá a lugares que antes somente sonhava. Liberdade é permitir que os seus sonhos tenham vida.

Assim, decidir enfrentar a verdade do seu negócio é uma escolha que somente você tem a prerrogativa, mas não se esqueça de que a colheita dos frutos de nossas escolhas é inevitável.

Tudo de extraordinário que temos e usamos foi criado a partir do desconforto de alguém com uma situação existente. Você tem o livre-arbítrio para agir agora sobre a sua vida e vivê-la plenamente, como merece. Ou então pode permanecer na zona de conforto, mas não esqueça de que ela logo se tornará uma prisão de muros altos que aprisionará os seus sonhos, a sua saúde e tudo o que você um dia almejou com a sua carreira.

A decisão de agir é opcional, mas a responsabilidade de conviver com os frutos da inércia ninguém pode tirar de você. Então, espero que você decida agir e construir a vida de liberdade que merece!

2.

LIDERANÇA ESTRATÉGICA PARA ATINGIR RESULTADOS!

#empreendendoestrategicamente
#autogerenciável #gestão

Clarissa Rocha Daudt tem 38 anos, é natural de Santiago (RS), mãe do Bernardo, esposa, atualmente diretora da D'linea Móveis, formada em Biologia, coaching executiva carnegiana e membro do Tittanium. Ama empreender, tem muita fé em Deus e o seu coração arde por transformar vidas.

Clarissa Rocha Daudt

© Marcos Oliveira

@clarissarochadaudt

A verdade nua e crua é que ser empresário, principalmente no Brasil, é uma tarefa desafiadora. É um ato de coragem e de determinação, o qual muitas vezes começa por pura e simples necessidade. Às vezes, empreender é fundamental para dar continuidade a um negócio familiar, ou até mesmo pela vontade de ter mais tempo e liberdade. Então, quero começar perguntando: por qual motivo você começou a empreender? Qual era o seu principal motivador quando iniciou essa jornada?

Na grande maioria dos casos, percebo que iniciamos esse processo sem ter o conhecimento necessário para gerir uma empresa. E são muitos setores pelos quais precisamos passar: vendas, marketing, financeiro, recursos humanos, administrativo etc. Acabamos ocupando o lugar de todos eles, e o que deveria ser prazeroso torna-se desgastante, como se fôssemos prisioneiros do nosso próprio negócio – e sei disso por experiência própria!

Iniciei essa jornada em uma empresa familiar no setor de decoração de eventos ainda muito jovem, com apenas 11 anos. Trabalhava aos fins de semana e reclamava com a minha mãe no início, mas ela dizia que era para termos a nossa liberdade financeira. Eu, que já gostava de dinheiro, fui crescendo e me apaixonando pelo negócio. Isso aconteceu até que, aos 21 anos, terminei a faculdade e não atuei na minha área de formação, pois queria continuar empreendendo. Falei para minha mãe que gostaria de assumir a empresa e gerir da minha maneira. Meu objetivo era expandir, investir recursos e energia para conseguir atender mais eventos.

Desde então, abracei a empresa, aumentei a equipe, investi em novos materiais e, como resultado, aumentamos o número de eventos. Passamos a atender inclusive em outras regiões. A agenda estava cada vez mais lotada, e o nosso trabalho era reconhecido como excelente. Mas eu centralizava demais todos os processos, e foi aí que começaram outros desafios. Era um trabalho árduo, dedicação 100% para que tudo saísse como planejado, pois era o sonho das pessoas que estava em jogo. Tudo passava tudo por mim, eram dias de semana, fim de semana, noites e noites em que trabalhava e passei a ter cada vez menos tempo para a minha família, para o meu filho. Passei a me sentir culpada por estar longe e muitas vezes chorava ao ter que deixá-lo. Comecei a viver estressada, sem vida social, dormindo mal, não me alimentando corretamente, até que se iniciaram as crises de ansiedade e desenvolvi síndrome do pânico. Fiz um tratamento, mas, mesmo assim, as crises continuaram.

Até que, um dia, fiz um preventivo e minha médica me ligou, trazendo um diagnóstico de que precisava fazer uma cirurgia, pois a minha condição poderia evoluir para um câncer. Meu mundo desabou naquele instante. Deus falou comigo e disse: "Vamos parar por aqui senão você vai morrer". Foi assim que tomei a decisão, ao lado da minha família, de parar. Finalizei os meus compromissos marcados e assim o fiz: em quinze dias vendi tudo e parei de atuar. As pessoas nem acreditavam, pois o trabalho era um sucesso. E, depois desse processo, abri uma loja de flores e decoração porque não me imaginava sem ser empresária.

Desse modo, a partir da minha história, quero destacar a importância que precisamos dar à liderança estratégica. Eu passei por isso e sei exatamente quais são os resultados ao centralizarmos a operação do negócio. Teremos muitas perdas, como a nossa saúde, a família, o nosso financeiro, a vida social, a espiritual, a nossa carreira, a nossa liderança, o tempo de qualidade com quem amamos... A verdade é que não crescemos; nós estagnamos ou, até mesmo, quebramos. Percebe como tudo isso impacta a vida e o negócio?

Eu mesma precisei passar por tudo isso, até que a gota d'água foi quando perdi muito dinheiro. Precisei lidar com o sentimento de fracasso e tristeza quando fechei as duas lojas, que eram como filhas para mim. A vontade de vencer e a minha visão eram claras. Eu sabia aonde queria chegar, mas me faltava autoconhecimento, fé em Deus de verdade e, principalmente, ferramentas de gestão. Falta isso em sua vida? Se sim, fique aqui porque iremos conversar sobre esses pontos.

Acreditava que, com a força dos meus braços, conseguiria vencer. Não entendia de pessoas, nem de mim mesma, pois tinha muitas crenças que me limitavam, muitas dores da infância, feridas sem tratar, autocobrança. Também era cobrada por quem estava ao meu redor, por isso criei a personagem de uma mulher forte que não demonstrava vulnerabilidade, mas, no fundo, sofria calada. Era tão orgulhosa que não pedia ajuda e, muitas vezes, me coloquei no papel de vítima, falando que nada na minha vida dava certo.

Será que isso realmente vale a pena? Será que vale continuar nessa dinâmica? Com certeza não. Demorei para perceber e por isso quero que você abra os olhos agora. Sei que essa consciência envolve diversos fatores, pois nunca me esqueço do dia em que vi um vídeo do Paulo Vieira falando sobre autorresponsabilidade. Inclusive, quero fazer uma indicação: leia *O poder da autorresponsabilidade!*[1] É um livro libertador. Mas,

---

1   VIEIRA, P. **O poder da autorresponsabilidade**: a ferramenta comprovada que gera alta performance e resultados em pouco tempo. São Paulo: Gente, 2018.

voltando, no vídeo ele dizia que cada um tem a vida que merece, que o único responsável por seus resultados é você mesmo. Foi um choque para mim! Eu trouxe a consciência para perto e percebi o quanto estava sendo orgulhosa e prepotente. Eu não procurava o desenvolvimento pessoal, então, a partir daquele momento, comecei a pedir ajuda a Deus para me desenvolver como pessoa, para estudar e me conectar espiritualmente com Ele.

Sei que essa jornada não é fácil. Em primeiro lugar, devemos admitir que precisamos assumir o nosso papel de líder e gestor do nosso negócio. Ficamos focados em resolver problemas o dia inteiro, apagando incêndios, chegando ao fim do dia esgotados, cansados, estressados, preocupados com os boletos que vão vencer e se teremos com pagar. Perdemos noites de sono, tomamos remédios para ver se conseguimos adormecer. Nos sentimos sozinhos nessa jornada, parece que a equipe e os familiares não estão nos compreendendo. E os resultados não chegam. Ficamos correndo atrás da máquina sempre, como um círculo vicioso. Os dias se resumem a isso, e muitas vezes nos questionamos: *Será que a vida é só isso mesmo?* Queremos mudar, mas nos questionamos por onde começar a mudança. Então parece que existe um abismo entre dar o primeiro passo e organizar tudo o que precisa ser feito. A frustração, o medo e a autossabotagem aparecerem e assim vamos procrastinando.

Pare e pense comigo: o fracasso e o sucesso dão trabalho da mesma forma. Qual você decide ter? Não seja egoísta neste momento, pois a sua família precisa de você, as pessoas que trabalham ao seu lado contam com você, então tenha coragem e assuma o papel de líder que está aí dentro porque, se ele não existisse, você não estaria empreendendo.

Essas dificuldades em relação a uma liderança estratégica acontecem porque não escolhemos isso para nossa vida de modo consciente, mas fomos programados desde a nossa concepção, recebendo informações, sentindo, vendo e ouvindo muitas coisas na nossa infância por repetidas vezes que formam crenças. Essas crenças, por sua vez, se tornam as nossas "verdades", o nosso HD de memórias, criando a nossa realidade. Isso se dá porque agimos pelas experiências do passado, que foram geradas em nossa mente, o que faz com que muitas coisas sejam verdades absolutas sob o nosso ponto de vista. Por exemplo, se fomos abandonados por nosso pai ou nossa mãe na infância, provavelmente teremos dificuldade para confiar nas pessoas. Como consequência, centralizamos tudo em nós, assumimos a responsabilidade e nos sobrecarregamos. Outro dito popular que está em nosso inconsciente: dinheiro não dá em árvore. Ou seja, teremos que trabalhar duro e vai ser muito difícil ter dinheiro. Outra situação que representa nossas crenças enraizadas é que, quando crianças, muitos não podiam se expressar sem que fossem silenciados. Na vida adulta, é provável que fiquem com medo de falar em público e se posicionar.

É claro que os nossos pais fizeram o melhor que podiam com as habilidades e conhecimento que receberam, entretanto, essas situações moldam a nossa mente e as nossas emoções. Elas, por sua vez, vão nortear as nossas decisões.

Por isso a inteligência emocional é tão importante! Ela nos ajuda a destravar as nossas crenças e a ter a vida que sempre sonhamos, com muita abundância e prosperidade. Então, quero que você, a partir de hoje, assuma o papel de líder estratégico que existe dentro de você e conquiste resultados extraordinários em todas as áreas da sua vida.

Para passar por essa jornada de transformação, primeiramente você terá como objetivo entender qual é a sua missão e visão. Isso precisa estar muito claro, e o amor que você tem pelo que faz é importantíssimo, pois a empresa é o reflexo do líder, e as pessoas seguem aquilo que você faz, e não o que fala. Então imagine: que tipo de líder você quer ser? Separe alguns minutos e anote isso em um papel.

Além disso, é necessário fazer um exercício de como estão todas as áreas da sua vida e o que precisa mudar a partir de agora. Não apenas externamente, mas em você em primeiro lugar, para depois liderar as outras pessoas. Depois, quero que você reflita sobre quais são as habilidades emocionais e técnicas que precisa desenvolver para ser o líder estratégico da sua empresa. Temos três níveis dentro da organização, que funcionam como uma pirâmide:

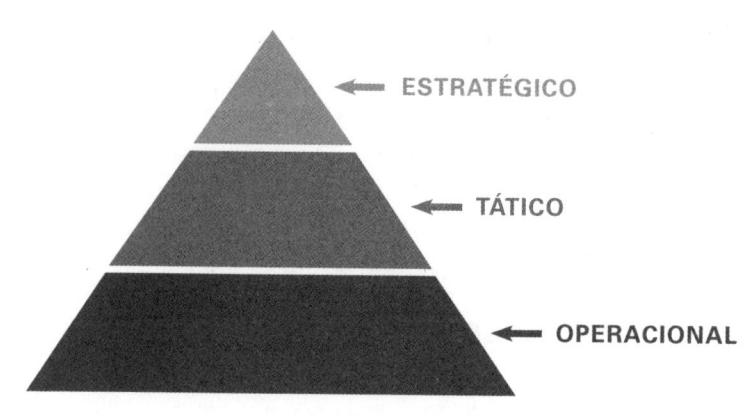

No primeiro quadrante, na base, temos o operacional, que são as pessoas que ficam na operação. Depois, temos o nível tático, que são os gestores da empresa que coordenam as ações do time. Por fim, temos o topo, o nível estratégico, que é onde o líder ou o CEO estão ao planejar as estratégias para o crescimento do negócio e para geri-lo como um todo. O problema aqui é que a maioria dos pequenos e médios empresários estão no operacional, assim como eu já estive. Se você está no operacional, quem está ocupando a sua cadeira no estratégico? Você precisa começar a delegar tarefas, mas para isso é necessário implantar processos claros e definidos.

Assim, para que você possa assumir a sua liderança estratégica e consiga ficar no topo da pirâmide, separei quatro passos que vão transformar a gestão do seu negócio, aumentar os seus resultados e trazer maior equilíbrio para todas as áreas da sua vida – carreira, financeiro, relacionamento, filhos, espiritual, saúde, profissional, social e família.

PASSO 1: AUTOCONHECIMENTO

Você precisa se desenvolver, reprogramar as suas crenças limitantes de ser, ter e fazer. Mas como fazer isso? Sente-se em um lugar confortável, sem distrações e coloque uma música de meditação para se conectar consigo mesmo. Respire fundo três vezes, sinta o seu corpo, observe o seu pensamento e veja quais memórias podem estar travando você.

Identifique as suas crenças e crie uma sentença contrária e positiva, que se tornará a sua futura crença. Por exemplo: "Ganhar dinheiro é difícil e precisa de muito trabalho". Troque para: "O dinheiro é infinito, abundante e eu o recebo com facilidade".

Esse é um trabalho constante e diário, sempre usando afirmações positivas como "eu sou, eu posso, eu mereço". Escreva e leia em frente a um espelho.

PASSO 2: VISÃO DE FUTURO

Desenhe sua visão de futuro para todas as áreas da vida, ou seja, imagine como vai ser a sua empresa, a sua casa, o carro, a família, as viagens, o relacionamento, a carreira, os filhos e a saúde. Faça isso com riqueza de detalhes. Não economize e, ao finalizar o desenho, feche os olhos e imagine tudo isso já realizado. Sinta a emoção, comemore, grite e pule, porque está realizado. Faça isso como rotina diária.

PASSO 3: GRATIDÃO

Escreva todos os dias quinze motivos pelos quais você é grato.

PASSO 4: TENHA FÉ

Desenvolva a sua fé, confie e entregue a Deus tudo o que está no caminho. Seja qual for a sua crença, adapte esse passo para que você possa se conectar com algo maior e possa entender qual é o seu grande propósito de vida.

PASSO 5: MUDANDO A EMPRESA

Crie cargos e processos claros na rotina da sua empresa. A primeira etapa é escrever qual é a missão, a visão e os valores. A segunda etapa é montar o organograma, quais são os cargos e as pessoas que vão ocupar esses lugares. A terceira etapa é criar um processo claro de recrutamento e seleção, descrevendo quais são as habilidades e competências emocionas, além das técnicas necessárias. Formule perguntas pertinentes, marque a entrevista e descubra o perfil comportamental dos candidatos. Existem empresas e pessoas que fazem esse trabalho, que é de suma importância. Acompanhe, oriente e treine. Gosto de fazer uma analogia que serve muito bem aqui: o seu colaborador é um bebê quando entra na empresa, então precisa de ajuda até que chegue à vida adulta.

PASSO 6: PROCEDIMENTOS

Crie o procedimento operacional padrão (POP), ou seja, uma descrição de todas as atividades de todos os setores que os colaboradores realizam no dia a dia de trabalho. Depois, crie um plano de desenvolvimento individual (PDI) do seu colaborador. Quais ações ele precisa desenvolver e em qual prazo? Isso deve ser checado! Aqui também quero que você se atente à implementação da cultura do feedback, com dados e resultados para que o colaborador saiba do seu desempenho, pois assim ele saberá como está indo e o que precisa desenvolver para melhorar seus resultados.

PASSO 7: PROCESSOS E PADRÕES

Crie processos padrões para atendimento, vendas, pós-venda, logística, sistemas de gestão e CRM (*Customer Relationship Management*, em português, Gestão de Relacionamento com o Cliente). Treine diariamente tudo isso, implante a cultura de conhecimento, livros, vídeos e cursos para que todos possam se desenvolver.

PASSO 8: METAS E OBJETIVOS

Trace metas e objetivos claros. Faça reuniões semanais com o seu time, oriente, elogie, cobre os resultados e bonifique. Tenha também um plano de carreira dentro da empresa, mostrando aonde ele pode chegar e o que precisa atingir de habilidades e resultados para subir para o próximo cargo.

PASSO 9: PLANO ESTRATÉGICO

Faça um plano estratégico para a sua empresa. Qual será a sua visão estratégica para o ano seguinte? Desmembre isso em objetivos e crie pequenas metas diárias, semanais e mensais e defina quem será responsável por cada uma delas.

PASSO 10: REFERÊNCIA

Você precisa ser referência na área em que atua, com uma entrega extraordinária e um bom marketing mostrando o seu trabalho e os resultados. Posicione-se, promova eventos em sua empesa, patrocine outros eventos, tenha um ecossistema de networking e relacionamentos fortes, tenha parceiros fiéis. Crie um núcleo de empresas que podem entregar outros produtos e serviços complementares, participe de feiras e mostre o que você tem para o seu setor. Inove, estude para onde o mercado está indo, sente-se na mesa com grandes empresários e veja como eles estão tendo resultados.

Sei que que parece muita coisa, mas foi o que eu fiz e faço na minha empresa todos os dias. O importante é dar o primeiro passo. Se você realmente quer deixar de ser um empresidiário, que fica preso somente no operacional, sem delegar as atividades, sem tempo de qualidade para a família, estressado com os resultados baixos, para se tornar um grande líder estratégico, que delega, que tem visão, processos, resultados e tempo de qualidade, com a saúde em dia e feliz com as suas conquistas, só existe uma coisa que precisa ser dita: o sucesso é uma escolha, mas precisa de disciplina! Qual decisão você toma hoje para sua vida? Lembre-se de que outras pessoas precisam de você!

Como comentei anteriormente, passei por isso também. Quando a pandemia de Covid-19 estava no auge, matando milhares de pessoas por dia, positivei para a doença em janeiro de 2021. Fiquei muito assustada e com medo, tive sintomas muito fortes, dores e mal-estar. Fiquei em casa em isolamento, mas com a família por perto, e comecei a sentir dores fortes nas costas e falta de ar. Fui ao hospital, me medicaram e voltei para casa. Melhorei de outros sintomas, mas a dor nas costas persistiu até que me liberaram e, em quinze dias, voltei para trabalhar na empresa. Nesse dia, trabalhei sentindo um pouco de dor, mas segui como se estivesse tudo bem.

À noite, de madrugada, senti uma dor horrível nas costas. Não conseguia nem respirar, e eu estava sozinha. Consegui ligar para o meu marido na época e fomos para o hospital. Chegando lá, com muita dor, usei até morfina, fiz exames e veio o diagnóstico: estava com duas embolias pulmonares. Eu sabia que era grave, então começamos o tratamento e foi muito difícil passar por tudo isso. Não sabia se sobreviveria, mas mantive a fé. E assim foram dois meses e meio de tratamento, mas tudo deu certo e a minha saúde melhorou.

Por outro lado, o que piorou muito foram os resultados da minha empresa, que caíram. Eu estava centralizando de novo, estava sem gestor. Pensei em desistir e parar de vez. Falava "chega" para mim mesma. Foi assim até que, um dia, vi no *feed* o vídeo de um curso do Paulo Vieira falando sobre processos e resultados, dizendo que éramos líderes incompetentes. E aí tomei uma decisão: falei para mim mesma que não passaria mais por isso. Comprei o curso, ainda em recuperação em casa, e comecei a criar os processos da minha empresa.

Buscava conhecimento incansavelmente para montar todo o método que descrevi anteriormente para você. Então, a partir disso, comecei a ter resultados com uma equipe autogerenciável. Fazia a gestão do meu negócio, estava no nível estratégico e pensava sobre as novas oportunidades que poderia abraçar. Em outras palavras, assumi o meu papel de líder estratégico, sempre buscando aumentar a minha performance, a da equipe e a da empresa.

Sempre tive uma força interna muito grande e uma vontade gigante de vencer. E se está lendo este livro, você também tem. Eu lia livros, maratonava vídeos, *lives*, fazia cursos, e assim comecei, aos poucos, colocar tudo em prática. Sei que você deve estar pensando que é muita coisa para aplicar na sua vida e na sua empresa, mas se posso dar um conselho: dê o primeiro passo. Vá aplicando o método e logo isso se transformará em um hábito. Os resultados vão aparecer e isso vai motivar você a continuar.

Imagine ser o líder que sempre sonhou, ter uma vida com mais leveza, tempo de qualidade para a sua família. Ter liberdade financeira, tempo para praticar esportes, fazer a viagem dos sonhos, ter uma carreira de sucesso, a casa e o carro dos sonhos, treinar a sua equipe. Tudo isso pode se realizar! E daqui a pouco você contará a sua história em um livro, assim como eu fiz aqui. Ou então em um podcast ou em palestras para muitas pessoas.

Lembre-se de que o mundo precisa de pessoas como você, que fazem a diferença, contribuem e compartilham, pois se não tivermos tempo nem para nós mesmos, como vamos ajudar as outras pessoas? Jesus disse: "Eu vim para que tenham vida, e vida em abundância". Viemos para esse mundo com um propósito. Precisamos evoluir. Passamos por muitos desafios na nossa jornada, mas todos os obstáculos são para o nosso crescimento. Observe: sempre aprendemos algo quando passamos por uma situação adversa. E aquele problema que parecia tão grande se torna pequeno com o passar do tempo.

Se o caminho está desafiador é porque você está na direção correta. Continue com fé, coragem e amor, comemorando as pequenas vitórias. Ouça a sua intuição, não deixe de fazer escolhas e tomar decisões, ou então pode se arrepender no futuro do que não foi feito. Busque o auto-conhecimento, estude, crie o seu ecossistema e esteja com as pessoas que ama. Assuma o seu papel como uma liderança estratégica, e pode ter certeza de que o resultado será o sucesso.

3.

PESSOAS, METAS, DADOS E CONQUISTAS: VOCÊ PODE!

N atural de Doutor Ricardo, município do interior gaúcho, Alex Roveda tem 30 anos e é filho de Edgar Roveda e de Carmen Paula Ferrari Roveda. Cresceu vendo a união dos pais e recebendo seus ensinamentos e valores – priorizar a família sempre foi um dos principais. Desde a infância, sempre foi ativo nas iniciativas escolares e da comunidade e, aos 11 anos, começou a trabalhar ajudando vizinhos na roça e em uma mecânica. Logo depois, foi ajudar o pai na entrega de carnes até que, em 2011, por incentivo da mãe, entrou no mundo da tecnologia. De 2014 para cá já foram três empresas geridas, sendo uma delas uma startup própria, e mais de R$ 5 milhões de faturamento alcançado.

Tem como missão ajudar empresários e empreendedores no crescimento dos seus negócios com solidez e direção. É empreendedor, escritor, investidor, mentorado e parceiro de negócios da Fernanda Tochetto.

Alex Roveda

@roveda.alex

© Igor Azevedo

Você sabia que, em média, 59% das empresas fecham por não terem um planejamento de negócios eficiente?[1] E, ao não ter essa organização dos próximos passos, existe um cenário no qual o dono do negócio vive uma ilusão de resultados. Vi isso de perto nesses quase dez anos gerindo negócios e com o que mais me deparo até hoje são empreendedores ou empresários que começaram negócios sabendo da parte técnica e nada – ou quase nada – de gestão.

Eles se dividem entre os que tentam fazer gestão, mas sem seguir uma metodologia, e os que acham que isso é perda de tempo. Os que tentam fazer gestão sem metodologia acabam criando suposições de como podem controlar o caixa, do lucro que estão tendo com a venda e de quanto merecem uma remuneração acima do mercado, pois agora são donos e se doam ainda mais.

Já os que acham perda de tempo simplesmente olham para o que está entrando, pagam as contas e o que sobra vira o "salário do mês". Afinal, eles também são os donos. A realidade é que não pensam no fluxo de caixa, na lucratividade, no ponto de equilíbrio e na reserva para tempos ruins. O foco é vender e retirar no fim do mês. E quando "o negócio aperta", recorrem aos financiamentos bancários, pedindo ajuda para familiares, amigos e toda e qualquer possibilidade de colocar dinheiro no caixa.

Acontece que, entre um financiamento e um pedido de ajuda aqui e outro lá, as contas sobem, e o faturamento ilusório também. Mas o que vale, que é o resultado depois da régua, vai de mal a pior. Quando se dão por conta, não tem mais jeito. Recorrem a consultorias milagrosas, mas a bola de neve só aumenta. Adoecem, pois não encontram uma saída. Chegando ao ponto de estarem financeiramente quebrados e mentalmente incapazes de dar a volta por cima. É um ciclo em que os poucos que conseguem precisam de anos para recuperar todo esse estrago financeiro e emocional.

E perceba que o meu objetivo não é desencorajá-lo, muito pelo contrário: sou entusiasta e defensor do empreendedorismo. Quero mostrar que é preciso planejar minimamente a sua jornada empreendedora, desde o início se possível. Empreender mudou a minha vida e quero que seja assim

---

1   A TAXA de sobrevivência das empresas no Brasil. **Sebrae**, 27 jan. 2023. Disponível em: https://sebrae.com.br/sites/PortalSebrae/artigos/a-taxa-de-sobrevivencia-das-empre sas-no-brasil,d5147a3a415f5810VgnVCM1000001b00320aRCRD. Acesso em: 11 nov. 2023.

na sua também. Quero que o seu maior sonho não se torne, em um futuro próximo, o seu maior pesadelo.

Em um mundo em extrema evolução e cheio de mudanças, vejo que, pelo menos nos últimos seis anos, a nossa mentalidade pôde vislumbrar novas perspectivas por meio da inovação e de startups. É "normal" que, ao estar desempregado ou iniciar a jornada profissional, olhe-se para a possibilidade de empreender no próprio negócio. Afinal, "não terei que prestar contas para um chefe nem mesmo cumprir horário de trabalho".

Acontece que esse vislumbre cai por terra quando vemos que, para empreender, não basta somente a motivação que temos em todo início de um novo projeto. Sim, precisamos quebrar barreiras e sermos disruptivos. Mas também temos que respeitar algumas premissas, como refletir: *Por que vou iniciar esse negócio* (qual dor ele vai resolver)*? Para quem ele servirá* (qual é o público-alvo)*? Como será minha entrega* (como esse público-alvo quer a dor solucionada)*? Isso realmente pode ser um negócio* (dados)*? Como faço meu mínimo produto viável* (MVP)*? Para fazer isso, qual será o custo e quanto poderei cobrar* (plano financeiro)*?* Sem essas perguntas respondidas, as chances de insucesso se elevam ainda mais.

Então veja se você se identifica ou se conhece alguém que passa por isso: é segunda-feira, são 6 horas da manhã, o despertador toca e você já está acordado, afinal, quase não dormiu na noite anterior. Levanta-se, toma um café no carro e já chega ao escritório com a sensação de atraso. Olha para o time e vê o reflexo do dono. Milhões de tarefas por fazer, clientes insatisfeitos e, na reunião comercial, não sabem o mínimo do que está acontecendo, vendedores desalinhados, ansiosos e fazendo das "tripas coração" para performar. No marketing, torneira aberta e zero retorno. Para fechar a manhã, uma reunião financeira e você não tem coragem de olhar para os poucos dados que tem, pois eles mostram que tudo vai de mal a pior. Se não bastasse passar por isso um dia, isso se repete de semana em semana.

Agora, vamos inverter a história? É segunda-feira, são 6 horas da manhã, o despertador toca e você se levanta, toma um bom café em família, chega ao escritório. Time alinhado, clientes satisfeitos e, na reunião comercial, dados claros, vendedores alinhados e performando. No marketing, o investimento está gerando retorno. E para fechar a manhã, uma reunião financeira com dados claros, indicadores atualizados, ponteiros ajustados e o negócio performando de acordo com o planejado.

Me diga: qual é o cenário que você prefere? Eu imagino que o segundo. Porém, a realidade é que o primeiro está presente em muito mais negócios do que eu gostaria de admitir, e isso acontece porque o constante foco no resultado que queremos – e sim, ele é importantíssimo e vital – nos faz olhar 100% do tempo para a parte prática.

Vender, entregar, vender, vender, vender, criar novos produtos ou serviços. Isso tudo fica na frente enquanto planejar minimamente o destino ao qual pretendemos chegar fica em segundo plano por duas principais crenças: "planejar é perda de tempo" e "pensar nisso é trabalhoso demais". Acontece que nos foi ensinado que planejar o negócio e acompanhar os dados é complexo. Mas não, não precisa ser complexo e muito menos trabalhoso.

É preciso seguir um passo a passo, e ele precisa ser personalizado de acordo com o momento e o tamanho do seu negócio. Simples, objetivo e claro. Experimente dedicar 20% do seu tempo para planejar e acompanhar e 80% para vender e entregar. Permita-se fazer isso por seis meses e depois me conte como foi e o resultado que você alcançou com essa pequena mudança.

Então, até quando você vai deixar os seus sonhos no rascunho? Quando vai decidir criar uma vida próspera? Somos ensinados a viver dentro do "sistema". Você nasce, cresce, vai para a escola, faz faculdade, compra casa, tem filhos, trabalha e se prepara para a aposentadoria. E não existe nada de errado nessa cronologia. O meu objetivo aqui é fazer você pensar o quanto o "sistema" pode estar travando ou amedrontando você para fazer diferente, para construir os seus sonhos.

Empreender foi o que me abriu os horizontes para novas possibilidades. E você também pode experimentar isso. Independentemente de qual seja o seu significado de sucesso, pois não existe certo ou errado. Para mim, sucesso é uma junção de coisas. É normal ligarmos ele ao lado financeiro – que também é importante, mas não é tudo. Para mim, ele deve ser a consequência do que você faz pelo outro, da mudança que você gera no outro. E ele não é o fim, mas o meio. O meio para que você possa ter mais comodidade para desfrutar com a família e os amigos. O meio para lhe dar maior segurança com a saúde. Mais liberdade. E para que você possa transbordar e ajudar ainda mais o outro (filantropia). Por isso encorajo você nesse momento: permita-se arriscar, permita-se empreender. E sempre se lembre de que o mínimo planejamento pode impedir que o seu sonho vire um pesadelo.

Pensando, então, em contribuir para um primeiro movimento na organização do seu negócio, quero compartilhar seis passos que, na minha visão, são a base de tudo.

1º – ORGANIZE A CASA

Faça um mínimo planejamento estratégico. Nele, você precisa olhar para o porquê do seu negócio existir (missão); aonde quer chegar (visão); do que você não abre mão (valores); como quer que as coisas sejam feitas (cultura); quais são suas principais metas e como vai acompanhá-las (planejamento). Mas, calma, vamos seguir os próximos passos para você entender o todo. Depois, vou lhe conduzir na construção do seu plano.

2º – TENHA CLAREZA FINANCEIRA

Você sabe tudo o que entra e sai do seu negócio? Quais são os seus custos fixos e variáveis? Quanto você fatura mensalmente? E quanto disso é lucro? Sabe quanto precisa ter para o fluxo de caixa e que, a partir daí, você pode reinvestir?

3º – ORGANIZE O SEU COMERCIAL

Qual é a sua esteira de produtos/serviços? Qual é a sua capacidade de entrega? Quanto você precisa vender para chegar no faturamento desejado? O que o seu produto/serviço resolve? Qual vai ser o discurso de vendas? E os benefícios e facilidades?

4º – DIRECIONE O SEU MARKETING

Onde e como você precisa posicionar a sua marca? Olhando o seu produto/serviço e a sua abrangência de atuação, você precisa posicionar-se mais no modo on-line ou no off-line? Quem é a sua persona? Qual será a sua linha de comunicação? Qual mensagem quer passar?

5º – PROCESSOS

Para toda tarefa não criativa, tenha o passo a passo para executá-la. Você precisa ter clareza de cada atividade operacional e a escrita do processo vai otimizar o trabalho junto ao seu time.

6º – PESSOAS

De nada adianta os cinco primeiros passos se você não tiver pessoas. Pessoas que compartilham dos mesmos valores que o seu negócio, que tenham clareza do porquê se faz do jeito que é feito, aonde o negócio quer chegar, as responsabilidades de cada um e porque todos são importantes nesse quebra-cabeça para chegar ao destino desejado.

BÔNUS 1

Quero deixar uma dica bônus de leitura, com materiais que transformaram a minha jornada e podem mudar a sua também. Leia sem reservas:

1. *A startup enxuta*[2]

   Vai ajudar você a ter uma visão simplificada na criação de soluções que realmente tenham um público consumidor.

2. *Destrave a sua vida e saia do rascunho*[3]

   O passo a passo comprovado que você precisa para fortalecer o seu emocional para alcançar o que deseja.

3. *Ponto de inflexão*[4]

   As principais fases que um empreendedor de sucesso vai ter pela frente, os seus desafios e conquistas.

BÔNUS 2

Além disso, no início falei que quero ajudar você ainda mais, então vou deixar um link que vai conduzir você por esses seis passos de modo simples e objetivo. Do fundo do meu coração, espero que isso possa fortalecer a sua jornada empreendedora.

PARA ACESSAR, BASTA APONTAR A CÂMERA DO SEU CELULAR PARA O QR CODE OU COLOCAR O LINK EM SEU NAVEGADOR.

www.alexroveda.com.br/presentelivro

Seguindo em nossa jornada, quero compartilhar alguns dos resultados que pude alcançar, com os times de cada projeto, em números, metas e conquistas. E olhar para esses seis pilares foi fundamental na reorganização e construção de negócios com solidez e resultado.

2   RIES, E. **A startup enxuta**. Rio de Janeiro: Sextante, 2019.

3   TOCHETTO, F. **Destrave a sua vida e saia do rascunho**: tenha coragem para assumir os seus planos e blinde sua mente para viver uma vida com abundância. São Paulo: Gente, 2021.

4   AUGUSTO, F. **Ponto de inflexão**. São Paulo: Buzz, 2019.

Nesses quase dez anos, em diferentes negócios, chegamos a números como: crescimento de 100% no faturamento em doze meses; multiplicação em 158 vezes em valores investidos (pós objetivo de fluxo de caixa alcançado); triplicamos o faturamento em tempo recorde; times sendo recompensados de forma clara e estruturada. Particularmente, tripliquei a minha receita pessoal mensal, vendi 90% da minha parte societária na startup em que sou cofundador e atuo hoje como investidor. Conquistei os meus maiores ganhos financeiros da carreira, alcancei clareza dos pontos onde meu talento performa e dos pontos que preciso evoluir. E muito mais!

Um ponto importante que sempre falo: existem várias metodologias, das mais simples às mais complexas. Cabe a você olhar para a que mais se encaixa no momento do seu negócio e, principalmente, aplicá-la. Hoje tenho clareza desses seis passos, pois, ao longo dos anos, fui aplicando cada um de maneira desestruturada, melhorando vários pontos que não estavam alinhados e chegando em algo estruturado e que, se aplicado, traz resultados.

Então, se você chegou até aqui, é porque alguma coisa não está saindo como você espera aí no seu negócio! Ou então porque alguns sonhos precisam sair do rascunho e o medo bate à sua porta. Não pense que comigo foi diferente. Quando sai do regime CLT para empreender, larguei um trabalho seguro e de ganhos financeiros consideráveis para a minha realidade. E é por isso que escrevi este capítulo: pois não quero que você tenha imprevistos na jornada. Quero entregar a você esse passo a passo como forma de fazer o que gostaria que tivessem feito comigo. Passos que me dessem um norte, um direcionamento.

Alex, então você quer dizer que, seguindo esse passo a passo, tudo dará certo e será fácil? Não, definitivamente não. Você terá desafios, muitas vezes desafios que parecerão impossíveis de vencer, mas você vencerá. Tudo é questão de preparo e mentalidade.

Então, se terei desafios, por que aplicar esse passo a passo? Se você prefere ficar acomodado, olhando o tempo passar e nem mesmo tentar conquistar os seus sonhos, seja por você ou por sua família, então realmente aconselho que pare por aqui. Não poderei ajudá-lo assim.

Agora, se você quer tentar, quer dar os passos necessários em busca do que deseja. É melhor começar no escuro ou seguindo um passo a passo de quem há dez anos faz isso todos os dias? Deixo o meu desafio!

Não sei a sua história nem aonde você quer chegar. Mas sei que busca ir além. Que aquele anseio que insiste em embrulhar o seu estômago o incomoda a ponto de não deixar você parar. Pois bem, eu sinto a mesma coisa. Nem nos meus melhores sonhos acreditei escrever um livro, conquistar os resultados que venho conquistando, conviver com quem convivo, ter uma grande família da qual tenho orgulho de fazer parte, além de amigos extraordinários.

Então, não é clichê, mas, se eu estou conseguindo – e falta muito ainda para atingir todos os meus objetivos –, você também consegue. Basta querer, se preparar e fazer o que precisa ser feito.

Espero que, de alguma forma, eu tenha contribuído com a sua vida. E quando você alcançar o que sempre sonhou, lembre-se de não esquecer dos seus valores e de suas origens. Inspire e seja referência para outras pessoas.

Se, de alguma forma, eu pude ajudar você, deixe-me ficar sabendo. Seja com uma mensagem ou com uma postagem nos stories, mas vou adorar conhecer você. Todo conhecimento quando compartilhado é multiplicado. De quem você se lembrou agora e que precisa ler isso?

4.

GESTÃO ORGANIZACIONAL NA PRÁTICA:
UMA VISÃO SISTÊMICA DO NEGÓCIO

#gestãoorganizacional #processos #pessoas

© Estúdio Prime - Edy Lutz

Lidiane Pretto

@lidianeppretto

É consultora e treinadora de equipes, especialista em gestão organizacional para pequenas empresas e profissionais da área da saúde. Graduada em Administração de Empresas com MBA em Gestão Exponencial, possui mais de vinte anos de experiência profissional em diferentes áreas, incluindo saúde e construção, atuando em cargos operacionais e de gestão e como treinadora de equipes.

Atuou como consultora do Programa de Qualidade, Produtividade e Competitividade do Movimento Brasil Competitivo, como avaliadora e examinadora do Programa Gaúcho de Qualidade e Produtividade, e como agente de orientação empresarial do Sebrae/RS. Foi coordenadora de gestão da qualidade em instituição hospitalar, participando de certificações que resultaram em premiações de nível estadual e nacional.

Tem como missão ajudar a estruturar e organizar empresas e seus processos e conectar as pessoas com a estratégia do negócio, resultando em maior produtividade e melhores resultados.

Integrante do Núcleo de Mulheres Empreendedoras da Associação Comercial e Industrial de Encantado (RS); da Câmara Técnica Educação Empreendedora do Programa de Desenvolvimento Local do Município de Encantado (RS) e do grupo de empresários Tittanium Partners, liderado por Fernanda Tochetto.

Você já observou que muitos empreendedores, sejam eles técnicos ou profissionais liberais, não possuem conhecimento aprofundado em gestão organizacional e não a realizam em seu negócio? Já percebeu que frequentemente desconhecem o próprio negócio e não dedicam tempo para olhar o que está indo bem e o que precisa de melhoria? Infelizmente, esse cenário é recorrente. Geralmente, os empreendedores têm dificuldade de traduzir a linguagem estratégica para uma linguagem operacional, de transmitir a estratégia da empresa para os colaboradores e de orientá-los no que e como podem transformá-la em ações práticas no dia a dia. Não conseguem se conectar com a equipe e engajá-la nos objetivos da empresa e no alcance de metas. Muitas vezes, não conseguem transmitir o seu sonho aos colaboradores, e esses, por sua vez, não conseguem visualizar o sonho do empreendedor.

Na rotina, muitos empreendedores perdem o foco das suas atividades essenciais para realizarem ou refazerem tarefas operacionais, para esclarecerem dúvidas recorrentes da equipe e, ainda, não delegam determinadas tarefas operacionais pelo fato de não possuírem um método para conduzir as pessoas a realizarem as atividades de forma correta e objetiva.

O colaborador, por sua vez, não tem clareza do que precisa fazer e de como realizar, não tem entendimento sobre a própria autonomia e quais são suas responsabilidades e, dessa forma, não se sente responsável pela atividade e pelo êxito nos resultados.

As demandas de trabalho não são cumpridas de maneira contínua e padronizada. Não há um guia, um passo a passo para orientar o que e como realizar os processos do negócio, seja para os colaboradores desempenharem as atividades de rotina, seja para quando há necessidade de substituir alguém da equipe ou quando uma nova pessoa é contratada e necessita de treinamento.

E veja que esse cenário é urgente. Precisamos falar sobre isso agora! Por quê? Os resultados não estão acontecendo, e isso ocorre porque os empreendedores não conseguem se dedicar a pensar a estratégia do negócio. Perdem o foco do objetivo principal da empresa, deixam de realizar o que realmente precisa ser feito e desperdiçam tempo e dinheiro. A realidade é que cada pessoa da equipe realiza a atividade de uma forma diferente e utiliza os recursos que considera necessários, sem seguir um padrão, resultando em uma entrega diferente para cada caso, podendo gerar retrabalho, falhas, custos maiores, menor produtividade, divergências entre os setores da empresa e insatisfação do cliente.

E ainda, pelo fato de as atividades não estarem registradas e disponíveis para a empresa, a expertise do negócio não fica dentro dele. As pessoas detêm o conhecimento, mas não o transmitem de forma tangível. E quando o responsável por determinada atividade se ausenta do setor, solicita desligamento ou é desligado da empresa, leva consigo o conhecimento e a expertise do negócio, e as atividades paralisam ou são executadas de qualquer forma, comprometendo o resultado do produto ou serviço e a entrega ao cliente.

Se você está nessa situação e se visualizou em partes desse cenário, saiba que não está sozinho. Aprofundando um pouco mais, sei que quem conduz uma empresa tem o desejo de dar resultado; são pessoas inquietas que têm o desejo de superação, querem impactar, fazer diferente e deixar um legado. Porém, muitos empreendedores se sentem sobrecarregados, dispendem muito esforço, se sentem improdutivos e incapazes de fazer o que precisa ser feito, vivem com a sensação de que o resultado não está acontecendo da maneira que gostariam.

Essa situação gera angústia, principalmente porque não saber o caminho, e as ferramentas que devem ser utilizadas e precisam ser aprimoradas, acaba trazendo desconexão do colaborador com os objetivos do negócio. Ou seja, a equipe se sente insegura em relação ao que é preciso fazer e quanto ao seu desempenho; se sente perdida, com dúvidas e com medo de errar. Os colaboradores se sentem incapazes, impotentes, desmotivados, insatisfeitos com o trabalho e com a empresa. Não se sentem pertencentes, não se identificam, não se engajam na causa do negócio e comprometem o desempenho de entrega. Veja que as pessoas não assumem responsabilidades por sua função, não têm consciência de quais conhecimentos e habilidades devem aperfeiçoar para melhor desempenharem as suas atividades.

Nesse contexto, percebo que situações assim ocorrem porque, na maioria das vezes, profissionais liberais recebem formação técnica sem gestão de negócios, depois se formam e decidem empreender. Ou, ainda, proprietários de empresas não buscam ou não têm oportunidade de qualificação na área de gestão. Muitas vezes, idealizamos que o colaborador vai conseguir realizar o sonho ou objetivo que está no campo da mente do empreendedor. Em outras, não falamos o óbvio ou transmitimos a mensagem com uma linguagem conforme entendemos, e não da forma como o colaborador necessita.

Além disso, ao contratarmos um profissional para determinada função, o perfil definido pode não ser o mais adequado, ou podemos pensar que ele já está apto para desempenhá-la pelo fato de demonstrar capacidade e possuir experiência. Outro ponto é que há situações em que o propósito das pessoas não está alinhado com o propósito da empresa. Isso acontece quando os colaboradores não estão conectados com os objetivos do negócio, e sim com outras razões, como necessidades pessoais, remuneração, fazer a tarefa por fazer, ou até por uma educação recebida que pode distorcer o real sentido do trabalho e o papel das pessoas em uma empresa.

Sendo assim, quando a empresa identifica onde está, aonde quer chegar e o caminho que precisa percorrer, e organiza os seus processos, ela pode destravar os seus resultados e sair do rascunho.

Isso é possível! E é um caminho que se constrói por meio de uma análise da empresa e da organização dos seus processos, uma técnica relevante que realiza uma avaliação e identifica em quais atividades a empresa deve focar esforços e para onde deve conduzir os seus colaboradores para atender às necessidades dos clientes e demais partes interessadas, cumprir a sua missão e alcançar sua visão e os resultados almejados.

Empresas estão inseridas em mercados em constante mudança e evolução, com necessidade de adaptação e, para uma empresa existir, processos são executados constantemente. Toda empresa tem processos, sejam eles organizados ou não, e, para ser competitiva e ter fluxos organizados e que atendam às exigências do mercado, é preciso ter o processo certo, executar da maneira certa, pelas pessoas certas e no momento certo. Ou seja, é preciso realizar a avaliação e a organização dos processos para gerar clareza de onde a empresa está e do que é preciso ser feito, para engajar a equipe em um objetivo em comum, para reter a expertise no negócio e proporcionar maior produtividade e melhores resultados.

Apresentarei, a partir de agora, técnicas e ferramentas de qualidade que utilizei e utilizo nas empresas em que atuo e que potencializam os resultados dos negócios:

1. DIAGNÓSTICO EMPRESARIAL

Identifique o cenário atual, o cenário desejado e o caminho para alcançá-lo:

1.1 Análise organizacional

Analise o cenário interno da empresa e identifique suas forças e fraquezas e, no cenário externo, as oportunidades e as ameaças do mercado.

Para ter clareza de suas forças, se questione: *Em que realmente somos bons, o que funciona na empresa? Qual é a vantagem competitiva?* Para ter consciência das suas fraquezas, avalie: *Em que não somos bons, o que não funciona na empresa? Quais são as nossas fragilidades?*

Para identificar as oportunidades, reflita: *Favorece o crescimento da empresa? Existe forte atração de mercado e alta probabilidade de a empresa obter sucesso?* Para identificar as ameaças do ambiente externo, se questione: *Pode impedir o crescimento do negócio? Existe alta probabilidade de ocorrer e é relevante para a empresa e para o mercado em que ela está inserida?*

1.2 Plano de ação

Para definir as ações e chegar no caminho desejado, elabore um plano de ação identificando: O que fazer? Por que realizar? Como fazer? Quando fazer? Quem será o responsável? Quais recursos financeiros, materiais, humanos e tecnológicos serão necessários?

Nesse momento, é preciso traçar a rota, a qual se constrói por meio do gerenciamento de processos internos, conforme explicarei no passo 2.

2. GESTÃO ORIENTADA A PROCESSOS

Considerando que processo é a forma como as atividades são realizadas e os recursos são utilizados, gerencie com visão sistêmica os processos do seu negócio, contemplando as tarefas de cada área e o envolvimento de outras equipes da sua empresa. Acompanhe as seguintes etapas:

2.1 Identifique um macroprocesso

Defina a atividade a ser mapeada, indique o seu líder, quem são os clientes e fornecedores, quais são as áreas envolvidas, os recursos físicos, humanos, materiais, tecnológicos e financeiros necessários.

2.2 Identifique os requisitos

Verifique as necessidades dos clientes e fornecedores externos e internos (colaboradores).

2.3 Mapeie

Descreva o passo a passo de como as atividades são realizadas atualmente.

2.4 Analise

Identifique atividades que não agregam valor, gargalos (limitadores), retrabalhos, falhas, desperdícios e melhorias necessárias;

2.5 Padronize

Padronize o novo processo, descrevendo-o com as melhorias possíveis.

2.6 Documente

Elabore fluxogramas, manuais, checklists e instruções de trabalho quando necessário.

2.7 Defina KPIs

Identifique indicadores-chave de performance para monitorar o seu processo.

2.8 Treine

Capacite os colaboradores com o novo processo padronizado.

2.9 Execute

Coloque em prática o processo conforme o padrão definido.

2.10 Melhore continuamente

Realize avaliações periódicas por meio do ciclo PDCL, que contempla *Plan* (Planejar), *Do* (Executar), *Check* (Checar), *Learn* (Aprender), analisando se o processo está sendo executado conforme o padrão, obtendo os resultados esperados e se há necessidade de implementar melhorias.

A construção e aplicação desse método se iniciou há mais de vinte e quatro anos, quando ingressei no meu primeiro trabalho formal na área da saúde. Comecei no menor cargo do setor, em que havia uma alta demanda de atividades, porém, percebi que não havia processos formalizados – o que, por vezes, gerava dúvidas e impactava a produtividade. Fui realizando minhas funções, observando, questionando e construindo os meus métodos, com o objetivo de otimizar meu trabalho e realizar melhores entregas. Com o passar dos anos, fui me desenvolvendo, assumi diferentes papéis, passei por cargos operacionais até ser promovida ao cargo de gestão, em que o grande desafio foi estruturar todo o setor e construir a gestão por processos. Inicialmente, fui responsável pela área sob minha liderança e, posteriormente, auxiliei a conduzir os demais processos de toda a empresa.

Obtive a oportunidade de aprimorar minhas habilidades por meio de programas de gestão de qualidade, assumindo a coordenação do setor de qualidade e aplicando ferramentas que resultaram em certificações que agregaram valor à empresa. Com o passar dos anos continuei aprimorando e aplicando os meus conhecimentos em outras empresas de diferentes áreas, analisando e aprendendo com os erros e acertos, identificando o que é relevante e o que agrega (ou não) valor na gestão organizacional.

Dessa forma, reuni os meus conhecimentos e as minhas experiências em um método que ajuda os empreendedores a estruturarem e organizarem os negócios e os seus processos, proporcionando clareza e conectando as pessoas com o propósito e objetivos, de maneira prática e alinhada às necessidades de cada empresa. Após uma transição de carreira, esse método saiu do rascunho, mudou a minha vida e está impactando os meus resultados e de empreendedores da área da saúde e de pequenas e médias empresas de diferentes segmentos.

Justamente por isso sei que você pode e consegue fazer diferente em sua empresa. Sei que é possível, basta ser aplicado.

Lewis Carroll, ao escrever *Alice no País das Maravilhas*,[1] disse: "Quando não sabemos onde estamos e para onde vamos, qualquer caminho serve". Reflita sobre isso. É uma citação que mostra que a sua empresa pode estar direcionando esforços em ações, caminhos e atividades que não trarão os resultados proporcionais à sua capacidade máxima.

Realizar o diagnóstico empresarial permite identificar o cenário em que a empresa está inserida e planejar as ações mais adequadas para alcançar objetivos. Permite identificar as forças que devem ser potencializadas, as fraquezas que necessitam ser eliminadas, as oportunidades que podem ser aproveitadas e as ameaças que devem ser minimizadas.

Não seja como a maioria que faz mais do mesmo por não ter clareza do que precisa ser feito e que acaba atuando de maneira automática nas atividades e não assumem suas responsabilidades. Essa natureza automática deve ser organizada de modo intencional, por meio da gestão de processos.

Assim, quando conseguimos compreender a interdependência do todo, temos clareza da nossa responsabilidade e do que precisa ser feito, e temos consciência de que o que fazemos ou deixamos de fazer impacta a atividade sequencial de um processo e os resultados do negócio.

Uma empresa é como um ser vivo e, como tal, é preciso parar, identificar o que está indo bem e o que necessita de mudança, de melhoria. *Se quisermos realmente enxergar e mudar a realidade da nossa empresa, é preciso identificar o ponto em que ela está e aonde quer chegar, e traçar a rota correta.*

Quando processos são implementados, otimizados e executados por pessoas treinadas e competentes, o empreendedor pode delegar as atividades operacionais, alinhar o nível tático e estar na posição estratégica da

---

1   CARROLL, L. **Alice no País das Maravilhas**. Rio de Janeiro: Zahar, 2013.

empresa e se permitir ter mais tempo para o que é relevante na sua vida. Por meio da gestão dos processos, direcionamos esforço inteligente às atividades, a expertise fica no negócio e a empresa tem maior capacidade de obter ganhos.

Realize o diagnóstico empresarial e a gestão orientada a processos para identificar quais são os processos relevantes que conduzirão sua empresa ao sucesso, em quais atividades deve focar os recursos e como desenvolver as pessoas para otimizar, inovar e desenvolver métodos para satisfazer seus clientes, obter resultados financeiros e garantir a perpetuidade da sua empresa.

5.

EMPREENDE-DORISMO NA CONSTRUÇÃO CIVIL

© Igor Azevedo

Carlos Arnholdt e Bruna Medina Finger Arnholdt são proprietários da ARTEM Engenharia e Construções LTDA. Juntos desde a adolescência, cresceram em Travesseiro (RS), casaram-se e são papais do Lucas. Atualmente, residem em Lajeado, de onde tocam juntos a ARTEM.

Bruna é pedagoga com especializações em Ludopedagogia e Gestão Escolar e formada em Comunicação Social – Relações Públicas. Mestre em Ambiente e Desenvolvimento, atuou na educação por quinze anos. No fim do doutorado, optou por não finalizar o curso, engravidou e iniciou o processo de transição de carreira para assumir a gestão da construtora ao lado de Carlos. Desde 2020, abraça a administração da empresa e foi fundamental no processo de segmentação de mercado e expansão geral da ARTEM.

Carlos é engenheiro civil com especializações em Segurança do Trabalho e Estruturas de Concreto Armado. Idealizador da ARTEM, deu *start* no sonho de empreender no quarto do apartamento que dividia com Bruna, em 2016. De lá para cá, dedicou-se ao crescimento da empresa e ao seu posicionamento no mercado imobiliário e de construção civil.

Os objetivos pessoais e profissionais do casal se entrelaçam. Ambos visam a progressão do crescimento e posicionamento da ARTEM, mantendo a família unida, saudável e feliz.

Carlos Arnholdt e Bruna Medina Finger Arnholdt

@ @artem.engenharia

@ @brunafinger_arnholdt

@ @carlosarnholdt

A construção civil, assim como diversas outras áreas, possui muitas possibilidades de atuação no mercado de trabalho. Na prática, percebemos que os profissionais a ela vinculados acabam dividindo-se em três grupos:

1. Os que se especializam na elaboração de projetos e não se envolvem diretamente com a gestão e execução de obras;
2. Os que focam na execução de obras e não na elaboração de projetos;
3. Os que englobam as duas possibilidades, ou seja, elaboram os projetos e são responsáveis pela execução deles.

Nos três grandes grupos, percebe-se que há algo em comum: todos demandam coragem para encarar o risco de assumir a responsabilidade técnica pela qual o profissional se comprometeu na elaboração ou execução dos projetos. Ou seja, conhecimento é fundamental, mas é preciso postura para manter e afirmar as escolhas técnicas realizadas em cada situação e, na sequência, executá-las.

Além disso, quando o profissional decide empreender, soma-se à coragem de encarar a responsabilidade técnica, a responsabilidade de prover os recursos financeiros para se manter e evoluir. Assim, ele torna-se responsável pelo seu sustento por meio do próprio trabalho.

Empreender pode causar insegurança, especialmente quando o profissional está no começo da carreira ou se depara com uma situação que até então não tenha tido a oportunidade de vivenciar ou se ainda não tinha assumido efetiva a responsabilidade sobre determinado projeto.

O peso da responsabilidade técnica aliado à necessidade do retorno financeiro por meio do próprio trabalho pode paralisar o profissional, ou então, motivá-lo a evoluir e se especializar cada vez mais. Portanto, desenvolver segurança nas suas escolhas técnico-operacionais é uma questão de sobrevivência no mercado de trabalho.

No caso dos profissionais empreendedores, a urgência em empoderar-se das suas escolhas é a base necessária para a alta performance na conversão do trabalho em resultados financeiros. Atuando sozinhos ou gerindo uma equipe, só cresce e se posiciona quem de fato sustenta as suas condutas.

Sendo, portanto, um profissional da área da construção civil, é preciso que você avalie em quais os nichos de mercado você se sente mais confortável para iniciar as suas primeiras escolhas profissionais. O sucesso vem em pequenas e repetidas porções que, aos poucos, vão encorajar você a sair da zona de conforto e a buscar novas opções de atuação ou especialização no que mais se destaca.

Ou seja, é um erro e causa frustração não identificar os seus pontos fortes. Quando você foca o desenvolvimento dos seus pontos fortes, se destaca no mercado de trabalho e, consequentemente, segmenta a sua área de atuação. Quando o profissional não consegue identificar seus pontos fortes, aumenta a falha percepção de que precisa ser bom em tudo que engloba a sua área de atuação e, assim, fica com medo de agir.

Manter-se preso ao medo de assumir as responsabilidades técnicas impacta a performance geral do profissional, ou seja, estende-se à sua vida pessoal. Causa a sensação de insegurança que dificulta a tomada de decisão, inibe resultado da ação, baixa o nível de performance e, automaticamente, desmotiva ainda mais o profissional.

Assim, por medo de encarar o problema e fazer o que precisa ser feito, perdem-se oportunidades de trabalho que poderiam alavancar a carreira e trazer resultados financeiros. A falta de atitude mantém o profissional no mesmo patamar e abre oportunidades para os colegas de profissão se destacarem, despontarem e empreenderem.

Sim, isso mesmo: profissionais empreendedores. É importante concebermos que o espírito empreendedor é condicionante para uma carreira de sucesso. Empreender na carreira demanda dedicação, entrega, excelência e conhecer tudo o que faz parte do ramo em que atua. No caso da construção civil, podemos citar alguns aspectos: noção de custos, compras, especificações e uso de materiais, logística, mão de obra especializada, processos construtivos, atendimento a clientes e parceiros, contabilidade, gestão etc.

Ter visão e entendimento macro do ambiente em que se está inserido permite uma melhor avaliação dos pontos fortes que se destacam na sua personalidade profissional. Assim, é possível iniciar o processo de segmentação de mercado sem alienar-se do contexto. Os insights de oportunidades ocorrerão naturalmente a partir do momento em que o profissional entender o processo como um todo.

Para elucidar nosso raciocínio, convidamos você a realizar uma análise criteriosa e realista da sua empresa/carreira, considerando quatro aspectos-base:

1) PONTOS FORTES

Liste os seus pontos fortes, aquilo em que você se destaca e realiza com excelência. Seja capaz de identificar todas as etapas dos processos que você domina, de modo que consiga convertê-los em resultado. Isso é fundamental para segmentar a sua área de atuação e parar de querer fazer de tudo um pouco.

Essa é uma conduta valiosa para os profissionais empresários: quando os processos técnicos estão claramente definidos, a equipe consegue executar com excelência e o gestor consegue ser mais estratégico, e menos operacional.

2) OPORTUNIDADES

Verifique as oportunidades que o mercado oferece. Seja criativo e curioso. Aproxime-se de pessoas que são referência na sua área e estude como conseguiram chegar aonde chegaram. Avalie as estratégias e as rotas utilizadas e adeque à sua realidade. Crie um plano e o coloque em ação.

3) FRAQUEZAS

Tenha consciência das suas fraquezas e busque alternativas para diminuir o impacto delas. Reconheça os seus fracassos e as práticas que são necessárias para o seu aperfeiçoamento. Torne isso o seu combustível e não repita os mesmos erros.

4) AMEAÇAS

Reconheça as ameaças do mercado. Tenha um plano de contingência. Busque o máximo de conhecimento para que, em um momento de turbulência, você tenha uma solução estratégica que o recoloque na rota do sucesso. É importante estar ciente das situações que podem vir a acontecer, para, no caso de precisar tomar uma atitude, você conseguir efetivamente agir, e não somente reagir, perante o problema.

A partir desse passo a passo, reestruturamos a ARTEM e queremos contar essa história para você. A empresa nasceu em 2016 com o sonho do Carlos em empreender. Ano a ano, a empresa foi crescendo, tendo como foco a execução de obras públicas e casas de alto padrão para pessoas físicas. Os resultados financeiros eram positivos, o que colocava a empresa em uma situação confortável.

Em 2020, com a pandemia de Covid-19, vivemos a alta dos insumos da construção civil aliados à defasagem dos contratos, tanto públicos quanto privados, sem dispositivos de reajustamento adequados ao momento. Assim, tivemos o pior resultado financeiro da empresa.

Nesse momento, tínhamos duas opções: reorganizar a ARTEM e recomeçar praticamente do zero com o que vínhamos fazendo ou olhar para o mercado e enxergar o que a crise tinha para nos oferecer. Ou seja, foi preciso muita coragem para olhar os números do fracasso e buscar oportunidades.

Assim, inicialmente, avaliamos quais eram nossos pontos fortes: licitações públicas e execução de obras em geral. Porém, tínhamos a clareza de que os contratos CPF nos demandavam horas de atendimento que não tínhamos mais como dar conta, bem como os resultados desses contratos não serem financeiramente satisfatórios. Então sabíamos o que não queríamos mais fazer e, assim, curiosos, buscamos por soluções em que pudéssemos apostar os nossos pontos fortes. Nos abrimos para conhecer pessoas estratégicas e, com parcerias, iniciamos o nosso foco nas incorporações.

Por dois anos modelamos a nossa estratégia: filtrar obras públicas com bom orçamento, cronograma e logística e projetar incorporações com parceiros técnicos e financeiros. Assim, a partir do segundo semestre de 2022, conseguimos efetivamente segmentar o nosso mercado e quadriplicar o faturamento mensal!

Por isso queremos reforçar a importância de reconhecer os pontos fortes. Sem estudar o mercado, bem como analisar os quatro aspectos-bases da sua empresa ou carreira, é possível que você não tenha as ferramentas necessárias para prosperar ou superar um momento de crise.

Ter clareza no que você se destaca permite que fragmente a sua atuação em ramos específicos, que resultarão em retornos financeiros efetivos. Tentar fazer de tudo um pouco pode gerar falta de foco do que realmente importa, além de abrir brecha para que as suas fraquezas se evidenciem frente às oportunidades.

Então, busque ajuda. Aperfeiçoe o seu conhecimento, troque ideias com os profissionais da sua área e com os especialistas da mente e do desenvolvimento pessoal. Antes de uma carreira/empresa, existe uma pessoa que precisa sentir-se capaz e segura de si. No nosso caso, a virada de chave foi validada quando nos permitimos abrir as nossas fraquezas emocionais e, ao lado da nossa mentora Fernanda Tochetto, alinhamos os detalhes da nossa rota estratégica, segmentando com ainda mais força a atuação da ARTEM.

Perceba que as oportunidades mais incríveis podem estar onde você nem imagina. Elas podem vir por meio de pessoas ou situações que você não conhece ou nunca viveu, como também podem estar bem próximas. Então, invista em educação formal e técnica, mas invista também em autoconhecimento e ambiência. Cercar-se das pessoas certas e estar estrategicamente nos lugares corretos impulsiona você a conquistar os seus objetivos e a enxergar com clareza o que precisa fazer.

Você precisa começar. Analise tudo, crie uma estratégia e coloque em prática. Tome atitude e se posicione. O resultado sempre vem!

6.

A CULTURA ANTECEDE O LUCRO

#culturaorganizacional
#empreendedorismo #gestãodemarca

J osi Birckheuer Richter é empreendedora, diretora e fundadora da Ustē Cosméticos, empresa que cresceu mais de 800% em cinco meses. Vice-presidente da Richter Gruppe, pioneira no Brasil em empreendimentos planejados com o conceito de cidade inteligente, com os projetos Vicittà Urban Center e 386 Business Park.

Está à frente dos projetos sociais Cidade Consciente e Craques Solidários, e atuou profissionalmente na alavancagem da Run More por sete anos, uma marca de roupa fitness de reputação nacional e internacional.

Acredita no empreendedorismo e, por meio dele, serve ao próximo para que, juntos, possam prosperar.

Josi Birckheuer Richter

@josi_birckheuer_richter

© Igor Azevedo

odas as organizações possuem desafios, independentemente do tamanho ou porte delas. Eles existem e são reais. Assim, percebo que empresas sem cultura forte podem permear caminhos, muitas vezes oportunistas e perigosos, por não saberem o porquê de sua existência e para que servem à sociedade.

No fim das contas, muitos empreendedores e gestores falam de como é constrangedor não conseguir gerir um time ou uma equipe e como se sentem fracassados por não exercerem um papel de liderança. E, por mais que eles tenham boa intenção e pulso firme, se não souberem transmitir e vivenciar com os seus profissionais os valores, a visão e o propósito da existência do negócio, que vai além de produtos e serviços, será muito difícil atingir o próximo nível na escalada do negócio e da marca.

Para explicar melhor sobre esse cenário, quero contar uma história. Houve um período em que uma marca de calçados brasileira passou a produzir e a se comunicar para um público mais *fashion*, uma vez que os seus designers se inspiraram no mercado de luxo do exterior. O resultado dessa ação foi a queda das vendas e a sobra de produtos. O que girava o negócio era o que o comprador da loja queria: peças básicas, confortáveis e de salto baixo.

Com isso, eles fizeram uma pesquisa e as mulheres que compravam a marca não se identificavam mais com ela – inclusive, passaram a se sentir estranhas com aquilo. Diante dessa pesquisa, perceberam que a empresa necessitava voltar à sua cultura original, que era conforto para mulheres de verdade, com a contribuição estratégica de profissionais do ramo. Essa decisão permitiu o senso de pertencimento, desde o time (interno) até o consumidor (externo), e isso gerou um movimento de valores compartilhados, pois cultura é repetição e é exemplo que precisa de uma comunicação clara e objetiva.

O resultado foi que a organização reagiu rapidamente e voltou a ter crescimento no mercado. E, mais do que isso, reconquistou as suas clientes, o que, do ponto de vista mercadológico e pela minha experiência, pode ser ainda mais desafiador.

Percebe o valor que é para uma organização manter a sua cultura forte e clara para todos os pontos de contato? Tudo começa e termina na liderança da cultura. Por isso, digo que a cultura antecede o lucro.

Assim, uma vez que uma marca nasce, ela vem para solucionar um problema do mercado e atender uma demanda que necessita desse produto ou serviço. Geralmente, quando um negócio é planejado, sonhado e formatado, ele vem com uma série de atributos que são para atender da melhor forma o mercado. Com base nisso, é uma lástima que negócios sejam fadados ao fracasso por falta de cultura forte, resiliência e consistência.

A concorrência no mercado é saudável, pois o consumidor tem mais possibilidade de escolha e os preços ficam mais equilibrados. O que vai ser o grande diferencial, portanto, independe do mercado. Para se destacar de outra, uma organização precisa ter a capacidade de gerir o próprio negócio. Saber qual é o mercado, conhecer a concorrência, ser obcecada pelo cliente e pela melhor entrega de produtos ou serviços. Porém, se uma empresa não consegue permanecer competitiva, o segmento pode sofrer danos e cair em descrédito. Com isso, o consumidor é afetado, seja pela falta de opções de produtos/serviços, seja pelo preço, seja porque o mundo pode estar perdendo algo que faz a diferença na vida das pessoas.

Caso você esteja se identificando com o que estou explicando, saiba que a confusão nesse momento é natural, uma vez que não é possível separar o indivíduo do pessoal e do profissional. O ser humano naturalmente é movido por emoções, mesmo tendo habilidade de gestão emocional. Com isso, o plano de construir uma marca, uma organização, inserir no mercado uma cultura, uma filosofia de empresa, gera desconforto e insatisfação para muitos empresários e gestores. Isso acontece pois a forma de administrar fica evidente na fala desmotivada ou sem informação qualificada dos profissionais, na fachada desbotada da empresa, no carro que circula na rua fazendo manobras irregulares no trânsito, no outdoor sem graça, no site desatualizado, na fofoca acompanhada por um café e no corredor da alta rotatividade do time. Com isso, muitos negócios deixam de existir ou só sobrevivem, empurrando dia após dia uma marca à beira do colapso.

Em outra instância, é possível também que o líder ou gestor se sinta desmotivado e fracassado ao ver o seu plano inicial, cheio de motivação e energia, não corresponder à expectativa e ao potencial de mercado.

Imagine a seguinte situação: o mercado de saúde está sedento por determinada solução, precisando de uma empresa que produza máquinas de alta tecnologia e com preço competitivo. Mesmo assim, você, empresário, não está conseguindo vender o seu produto dentro do que é esperado e necessário para a sustentabilidade do negócio.

Desse modo, não basta ter apenas uma boa ideia ou um bom produto, se quem está no grupo não entende o negócio, o porquê de a empresa existir, qual é a solução que ela vende. O que é inegociável para a empresa, quais são os comportamentos necessários para poder trabalhar nela e gerar resultado para o todo. Aquela frase "o óbvio tem que ser dito" é real e oficial. As pessoas vêm de famílias e culturas diferentes, e não têm como adivinhar o que se passa na cabeça do outro. Por falta de clareza e de comunicação assertiva, muitos profissionais vivem a insatisfação cotidiana de não ter uma cultura forte, sem um time unido e capaz que possa expandir de dentro para fora todo o potencial do negócio e das pessoas que estão ali.

A verdade, contudo, é que muitas pessoas buscam a alta performance, mas o cérebro trabalha para economizar energia. Esse fator é natural e orgânico. Com isso, aparecem muitas atividades durante o dia que queremos executar, tarefas que poderiam ser delegadas, mas não foram, e assim o dia acaba. Deixando muitas coisas por fazer, mesmo com boa intenção.

Dessa forma, a falta de gestão de tempo e entendimento do papel de cada um na organização deixa muitos negócios em situação de emergência. Nesse cenário, imagine falar de cultura de empresa e viver, na prática, a organização, o planejamento, o senso de urgência – tudo dentro dos padrões do negócio? É inviável. Afinal, é necessário atender clientes, vender produtos, organizar o estoque, alimentar planilhas, gerar boletos. O empresário acaba focando o operacional, deixando de lado, sem direção, tanto o estratégico quanto a cultura da empresa. Já sabemos para onde vai o negócio gerido desse modo.

É importante compreender, portanto, que a cultura de uma organização é a mola propulsora da posteridade. Ela antecede o lucro. Quando se cria um negócio e passa-se a ter uma organização, o tempo que temos não muda, o trabalho para construir algo forte e duradouro ou algo que não perpetue acontece da mesma forma. Com isso, é válido e inteligente pensar que é possível construir algo grandioso, de valor e desejado no mercado. Para conquistar tal patamar, é fundamental investir em pessoas, processos e comunicação. A cultura começa lá trás, no que já foi feito, e permanece presente e atual, gerando vitalidade e prosperidade entre as pessoas e em todo o ecossistema.

Toda empresa de sucesso tem uma cultura forte, e essa cultura permite contar uma história que se conecta com o ser humano, que eleva o relacionamento e a experiência de marca. Passa-se a ter intimidade e presença de marca no coração dos públicos de interesse, seja interno ou externo. O *equity* do negócio dispara, atingindo outros patamares de resultado.

Reforçando: é justamente por isso que a cultura antecede o lucro. Impulsionar o negócio para a posteridade significa ter alto valor de mercado e muita intimidade com os públicos-alvo. Com tudo isso em mente, veja os passos que preparei para você!

COMUNICAÇÃO

Para construir intimidade com os públicos de interesse, é importante saber se relacionar e se comunicar de modo inteligente, contando a história de maneira que o outro entenda e se conecte com ela.

Uma pergunta interessante é: "O seu cliente ou profissional fala de você o que você queria ouvir?". Caso não, temos um erro da organização por não estar sendo clara ou simples o suficiente para que o outro possa compreender. É parte fundamental da comunicação saber contar a narrativa que deseja, pautada na verdade e na ética.

GESTÃO DE MARCA

É necessário ter uma gestão de marca eficiente, de maneira que, por uma cor, símbolo ou frase, ela possa ser lida e vista pelo público. Essa presença na mente das pessoas reforça o que já sabemos do valor de uma marca. Mas, para conquistar esse nível de excelência, é importante que todos os pontos de contato estejam alinhados e preparados para comunicar e falar a mesma linguagem.

Cada pessoa que abrir a boca para falar da marca precisa representar o que ela é na essência. Com isso, se constrói uma cultura forte, de princípios e práticas que se perpetuam com o passar do tempo. Diante desse fato, o valor e a reputação da marca são percebidos pelo mercado, conquistando destaque, *equity* e resultados que muitos podem achar impossíveis.

PARA SE INSPIRAR

Um dos livros que contribuíram muito para o meu desenvolvimento foi o *Propósito*, de Joey Reiman.[1] Nele, a cultura aparece de forma apropriada e demonstra porque o propósito claro engaja colaboradores, constrói marcas fortes e empresas poderosas.

Assim como esses ensinamentos me guiam dia após dia até hoje, eles podem ajudar você a construir um negócio que vai impactar o mundo

---

1   REIMAN, J. **Propósito**: por que ele engaja colaboradores, constrói marcas fortes e empresas poderosas. Rio de Janeiro: AltaBooks, 2018.

e as pessoas de maneira significativa. Acredite: é possível, e esse livro (assim como este que está em suas mãos) pode ser um bom amigo nessa jornada!

Para seguirmos em direção ao fechamento do capítulo, quero citar o exemplo da Southwest Airlines, a maior companhia de baixo custo do mundo, com sede em Dallas, no Texas, Estados Unidos. Ela possui um time engajado em que 95% de seus trabalhadores têm orgulho da organização. E a cultura é tão importante na Southwest Airlines que a empresa criou um clube de cultura para manter a inspiração e fazê-la crescer. Eles "vivem o Jeito Southwest", elevando a empresa para algo maior do que apenas um serviço de aviação.[2]

Assim, saiba que uma visão vale mais do que poder! Toda motivação para abrir um negócio é fundamentada a partir de um desconforto, um problema, uma dor. Essa *big idea* motiva o fundador a fazer algo para solucionar e entregar para o mercado um produto ou serviço de excelência. Nesse momento, os fundamentos passam a ser construídos e é isso que faz uma organização diferenciar-se de outra, com autenticidade e confiança.

Construir uma marca de valor é desafiador e demanda muito trabalho, porém perdura por mais tempo. O mundo constantemente precisa de uma boa ideia, uma boa solução. Se não houvessem inventado o computador, como seria a digitalização de dados? E se tivessem desistido de pesquisas da cura de determinada doença? Ou seja, desistir não deveria ser uma opção para as boas ideias, e sim o impulso para realizar o negócio. A cultura, então, vem para fundamentar essa afirmação. E pessoas estão dispostas a fazer parte de movimentos com propósitos claros e que gerem sensação de pertencimento de algo maior. Construir uma empresa com cultura forte com certeza é uma das maiores satisfações da vida de um empreendedor.

Por isso, se você, leitor, tem o perfil de empreendedor com objetivos claros, se tem o desejo de construir uma marca de valor, com cultura forte, se quer escrever uma história de sucesso ao lado de uma equipe vencedora, saiba que você tem à disposição um recurso ilimitado a seu favor: a cultura na qual você acredita, afinal, os frutos estão nas raízes. Trabalhar fortemente o propósito da organização e nunca se distanciar

---

2 SANTAREM, R. Empresas que curam? **LinkedIn**, 2023. Disponível em: https://www. linkedin.com/pulse/empresas-que-curam-robson-santarem/?. Acesso em: 16 jan. 2024.

da sua essência é o que permite empresas como a Disney completarem 100 anos em 2023 e cases como Apple serem marcas, mais que desejadas, admiradas.

Você também pode construir isso! Basta dar o primeiro passo.

7.

INOVAR PARA SUPERAR O MERCADO

#inovação #odontologia #inteligênciaemocional
#negócios #família #casal

G uilherme, pai da Martina e da Antônia, casado com Nathália, dentista desde 2006, tem como missão transformar a vida das pessoas, fazendo-as sorrir e sonhar!

Assina milhares de sorrisos, incluindo o da organizadora deste livro e sua mentora, Fernanda Tochetto.

Além de devolver a performance e a produtividade por meio do tratamento para ronco e apneia, entrega o sorriso dos sonhos através de lentes de contato dental, Invisalign, clareamento dental a laser, implantes e próteses.

Nathália, mãe da Martina e Antônia, casada com Guilherme, é diretora da Clínica Guilherme Cavagnoli Odontologia, responsável por processos, relacionamento, captação de clientes, estratégias e expansão de serviços e negócios.

Guilherme e Nathália Cavagnoli

© Diego Frigo

@ @drguilhermecavagnoli

@ @nathaliacavagnoli

O mercado atual está cada vez mais personalizado e exigente. Quando se trata em específico do mercado no qual atuamos, o odontológico, nota-se uma evolução de tecnologias e possibilidades para tornar a experiência de um passado "torturante" na cadeira do dentista – que ainda traz aos consultórios odontológicos muitos pacientes traumatizados e com histórico de sofrimento – em uma realidade moderna de equipamentos ultra-avançados que buscam minimizar a dor – uma lenda viva que marca a história da odontologia.

Não muito tempo atrás, o dentista se restringia a extrair dentes. Era a melhor solução que ele podia entregar devido às limitações técnicas e científicas que a odontologia da época sofria. Atualmente, além de fazer um grande esforço para salvar dentes, o dentista também atua em áreas estéticas que vão desde os dentes em si até o rosto como um todo. Além disso, os avanços da odontologia trouxeram também melhorias no que diz respeito à qualidade de vida das pessoas, como no caso dos tratamentos de ronco e apneia, que hoje possibilitam melhorar a performance e a disposição de quem dorme mal por meio de um aparelho encaixado nos dentes. Isso, antigamente, só era possível com o uso de uma máscara cobrindo o nariz e a boca ligada a um motor barulhento e com cabos para tentar melhorar o sono, o que nem sempre era possível devido ao ruído que esse dispositivo fazia, além de interferir na mobilidade da pessoa na cama.

A inovação é o que diferencia os profissionais mais bem-sucedidos do mercado e não falamos aqui apenas do odontológico. Quem inova gera autoridade, desenvolve credibilidade, consegue atrair os melhores clientes e se diferencia do trivial, conquistando uma fatia de mercado menos disputada. E a velocidade da inovação está cada vez mais acelerada, obrigando-nos a sermos ágeis ao trazer para dentro dos nossos negócios ideias novas que possam agregar experiências melhores, produtos mais rentáveis e um cliente cada vez mais satisfeito, encantado e que compartilha a experiência diferenciada com o seu círculo familiar e de amizades, indicando novos e potenciais clientes para o negócio.

Em um mundo de informações cada vez mais velozes, estar cercado de pessoas com a mesma visão que você é um diferencial imenso. Sozinho é impossível ficar atento a tantas novidades acontecendo simultaneamente, é por isso que a estratégia do negócio precisa ser reavaliada constantemente, ao mesmo tempo que a entrega de novos produtos com excelência não pode falhar. E é nossa união como casal, desenvolvendo nossa inteligência emocional, compartilhando nossas estratégias, dividindo nossas fraquezas e desenvolvendo nossa equipe que fazem o nosso negócio chegar sempre ao próximo nível.

Estamos no mercado odontológico desde 2006 e acompanhamos inúmeras mudanças ao longo desse tempo. Podemos transformar a visão dos pacientes de uma odontologia dolorida, em que as pessoas por medo adiavam ao máximo sua consulta, para uma realidade em que hoje as pessoas nos procuram na ânsia de eliminar o risco de um infarto ou de um AVC ocasionado por uma apneia respiratória, por exemplo. Isso é uma mudança de paradigma gigantesca. Com frequência recebemos agradecimento de casais que não conseguiam mais dormir juntos em função da gravidade do ronco do parceiro e que voltaram a dormir na mesma cama. O dentista inovador deixou de apenas cuidar da saúde dos dentes para salvar vidas, unir casais e melhorar a produtividade das pessoas.

Nos entristecemos ao ver profissionais de alta performance do passado que, por terem parado no tempo, se restringem hoje a viver das migalhas que aquele mercado deixou. Parar no tempo é permitir ser ultrapassado por quem segue em movimento. A vida é uma eterna corrida e diferencia-se quem inova e se desenvolve mentalmente. E a novidade de hoje torna-se obsoleta cada vez mais rápido, o que nos obriga a estar prontos para um novo movimento quase que diariamente, arriscamos dizer.

Nesse sentido, o desenvolvimento da inteligência emocional para saber lidar com as mudanças bruscas e estar pronto para enxergar o que de inovador pode ser aplicado no seu negócio para diferenciá-lo dos demais é essencial. Além disso, é preciso também desenvolver uma visão inovadora e a inteligência emocional da sua equipe, fator essencial para que o negócio prospere, estimulando o crescimento das inúmeras frentes do negócio, como marketing on-line e off-line, relacionamento com os clientes, busca por feedbacks e pesquisa de satisfação para entender as necessidades individuais de cada pessoa e ser assertivo no que ela deseja.

Duas situações que nos causam indignação são: 1) ver profissionais reclamando das dificuldades em vez de procurarem soluções para o problema; e 2) não procurarem ajuda de profissionais da mesma área e de mentores que possam auxiliá-los na mudança de visão do negócio. A solução dos problemas inicia-se pela proatividade e pela busca por melhorias pessoais antes mesmo de evoluir como profissional.

Assim, caso você seja um dentista ou profissional de qualquer outra área e esteja passando por essas dificuldades que comentamos, fique aqui porque conversaremos com você para contar um pouco sobre o método que implementamos diariamente no nosso negócio. Mas, antes, queremos explicar sobre alguns pontos importantes da jornada empreendedora.

Para chegar a um patamar em que o negócio é sustentável e rentável, é preciso que o profissional procure se relacionar com pessoas que estejam inseridas no mundo empresarial, dentro e fora da sua área de atuação, e que desenvolva autorresponsabilidade e visão de futuro, entendendo que sozinho não conseguirá resultados duradouros e consistentes.

Iniciar uma jornada de autoconhecimento, antes mesmo de buscar conhecer o negócio, e contar com o apoio do seu parceiro de vida e de mentores que possam auxiliá-los nesse caminho é vital para a saúde pessoal e da empresa, para ter maturidade, assumir a responsabilidade e ter capacidade de desenvolver as melhores estratégias para aplicar no negócio e na evolução da equipe.

Pensando sobre esses pontos, queremos que você pare agora e coloque o propósito antes do trabalho. Isso fará você trabalhar com objetivos e metas definidas e colher todas as boas consequências que o seu trabalho vai lhe proporcionar.

Nosso propósito de servir e transformar a vida das pessoas por meio da elevação da autoestima que um belo sorriso traz, e do impacto na longevidade e na qualidade de vida que um sono reparador representa, nos faz, como casal, acordar todos os dias para fazer o que tem que ser feito por nós, pela nossa família, pelas nossas filhas, pelo nosso negócio e pelo outro. A coragem de sair da zona de conforto hoje transcende no brilho dos nossos olhos em busca daquilo que acreditamos e que nos faz felizes. Queremos gerar essa transformação no bem-estar e na qualidade de vida dos pacientes que buscam o nosso trabalho. E queremos transformar também o seu negócio. Assim, veja o passo a passo que preparamos para você.

1 - DESENVOLVIMENTO PESSOAL

O autoconhecimento faz com que você consiga enxergar as suas limitações com clareza e procurar ajuda nas suas maiores dificuldades. Nossa mentora, Fernanda Tochetto, nos auxilia diariamente a enxergar as nossas travas individuais e a encontrar o melhor caminho para destravá-las, desenvolvendo a nossa inteligência emocional e aprimorando a nossa visão empresarial.

2 - UNIÃO DO CASAL

Casal unido que compartilha as suas conquistas e as suas angústias e divide suas fraquezas é livre para tomar as melhores decisões para a família, para as vidas pessoais e para os negócios. Duas mentes focadas nos mesmos objetivos e alinhadas no mesmo propósito trazem resultados acima da média.

Nos conhecemos em 2001, o Guilherme estava com 18 anos e a Nathália com 17. Como casal jovem, naquela época muitas fraquezas eram escondidas do parceiro por ambas as partes devido à nossa imaturidade e insegurança. Nessa jornada, fomos entendendo, com o passar dos anos, que quanto mais compartilhávamos nossas experiências, mais forte nos tornávamos e mais conquistas comemorávamos.

Mas não pense que foi sempre assim. Já tivemos outros negócios individualmente, enfrentamos inúmeras dificuldades, acertamos, erramos, nos reerguemos, mas foi quando decidimos unir de fato nossas forças como casal, dentro de casa e no negócio, que o jogo mudou.

Nós nos casamos em 2010, na nossa querida cidade de Garibaldi, no Rio Grande do Sul. Temos certeza de que inovar também no casamento foi o que transcendeu nossa capacidade como pessoas, como casal, como empresários e, em 2014, como pais da nossa primeira filha, o que fortaleceu ainda mais com a chegada da segunda filha.

3 - EQUIPE

Transforme as pessoas da sua equipe em intraempreendedores no negócio. É preciso desenvolver a equipe com a visão da cultura da empresa e torná-la intraempreendedora, fazendo com que os resultados sejam divididos entre todos e o crescimento seja uma busca constante. O olhar da equipe deve estar apurado e ser compartilhado entre todos para encontrar oportunidades ocultas, que é onde mora a inovação.

4 - RELACIONAMENTO

Relacionar-se com pessoas que tenham a mesma visão de vida e de carreira e afastar da sua vida pessoas que não estão alinhadas com o seu propósito traz liberdade e atrai cada vez mais indivíduos interessantes para a sua vida, com visão inovadora e capacidade de lhe trazer insights com melhorias aplicáveis no seu negócio e na sua jornada.

5 - GESTÃO FINANCEIRA

É preciso controlar o financeiro para que as tomadas de decisão sejam realizadas no momento certo e da maneira ideal para aprimorar ainda mais os resultados. É preciso investir no negócio de maneira assertiva para atingir os melhores resultados. Negócio que prospera é aquele que recebe os investimentos mais assertivos.

6 - LEITURA

Leia muito! Procure conhecimento. Separamos seis livros extraordinários para que você possa colocar na sua meta de leitura.

I. *Destrave a sua vida e saia do rascunho*: tenha coragem para assumir os seus planos e blinde sua mente para viver uma vida com abundância, Fernanda Tochetto. São Paulo: Gente, 2021;

II. *Seja foda*, Caio Carneiro. São Paulo: Buzz, 2017;

III. *Mindset*: a nova psicologia do sucesso, Carol Dweck. Rio de Janeiro: Objetiva, 2017;

IV. *O poder da autorresponsabilidade*: a ferramenta comprovada que gera alta performance e resultados em pouco tempo, Paulo Vieira. São Paulo: Gente, 2018;

V. *Esteja, viva, permaneça 100% presente*: o poder da disciplina, do foco e dos minihábitos para conseguir realizar seu potencial máximo, Joel Jota. São Paulo: Gente, 2019;

VI. *Comece pelo porquê*: como grandes líderes inspiram pessoas e equipes a agir, Simon Sinek. Rio de Janeiro: Sextante, 2018.

Falamos sobre isso nos passos e queremos reforçar: casal que participa junto do negócio prospera em dobro. Juntos, montamos as estratégias necessárias para estarmos sempre à frente e inovando no nosso mercado. Um conselho final que gostaríamos de deixar é: concentre-se, faça o que precisa ser feito e vigie os seus pensamentos. Decida mudar, fortaleça a relação de casal, aplique em sua vida o passo a passo e os resultados virão. Boa sorte!

8.

EMPREENDER É UMA ATITUDE

#gestão #performance #dinheiro

Jhonny Martins é um dos contadores mais influentes do país e conquistou clientes renomados e grandes personalidades ao longo de sua carreira. Conhecido como o Contador das Estrelas, é responsável por estruturar empresas de todos os segmentos e tamanhos, podendo ensinar o caminho certo para o seu negócio com conceitos e ferramentas inovadoras, além de uma visão ampla e estratégica de mercado.

Possui clientes reconhecidos, como XP, Loggi, Sorridents, Mundial Calçados, além de grandes personalidades, como Thiago Nigro, Joel Jota, Flávio Augusto, Caio Carneiro, Tiago TCAR, entre outros.

É vice-presidente do SERAC, contador e advogado pela PUC-SP com especialização em Direito do Trabalho pela Faculdade de Direito Damásio de Jesus, com MBA em Gestão Empresarial pela FGV-SP e MBA em Gestão Tributária pela USP.

Jhonny Martins

@jhonnymartins

© Vinny

F alta de lucro, de caixa e de liberdade são problemas comuns do empreendedor brasileiro. Uma empresa sem lucro gera frustração. Sem caixa gera confusão. Sem liberdade gera prisão. Essa é a lógica!

O lucro faz parte de qualquer negócio, e ele é a diferença positiva entre as receitas ou os ganhos obtidos por uma empresa, indivíduo ou organização e os seus custos, despesas e investimentos. Em termos simples, é o resultado financeiro positivo que uma entidade obtém quando as receitas superam os gastos. Ele é frequentemente utilizado como um indicador de desempenho financeiro e sustentabilidade de uma empresa ou de uma atividade econômica.

Já o caixa é fundamental para a sustentabilidade do negócio, pois é a movimentação de dinheiro que entra e sai de uma empresa durante um período de tempo específico. Ele representa a entrada e a saída de recursos financeiros, incluindo receitas, despesas, investimentos e financiamentos. Com um caixa saudável, é possível ter uma melhor gestão financeira e previsão financeira para a tomada de decisões.

A falta de liberdade, por outro lado, gera prisão porque faz com que o empresário fique prisioneiro do próprio negócio, pois não tem tempo para cuidar da sua família, não tem momentos de lazer e, principalmente, tempo para cuidar de si mesmo. Ele fica preso dentro do próprio sistema e tem competência para fazer a empresa crescer, mas, em vez de evoluir e gerar resultados, esse negócio cresce apenas em volta desse empreendedor. Quanto mais ele trabalha, mais a empresa cresce e mais preso ele fica no operacional. Ele pode até ganhar dinheiro, mas não prospera. Centraliza, e as pessoas não o apoiam. Não forma times e, por todos esses motivos, não tem liberdade.

O empresário é o grande gerador de recursos e oportunidades para o país e o grande solucionador de problemas. Porém, a falta de investimento em conhecimentos de gestão de negócios faz com que empresários e empresas não cresçam ou até mesmo sejam extintos. Hoje, 60% das empresas no Brasil quebram antes dos cinco anos, 80% delas quebram antes de completarem um ano,[1] 99% são micro e pequenas empresas e apenas 1% dos empreendedores constrói empresas médias

---

1 PEQUENOS negócios em números. **Sebrae**, São Paulo, 7 jun. 2018. Disponível em: https://sebrae.com.br/sites/PortalSebrae/ufs/sp/sebraeaz/pequenos-negocios-em-num eros,12e8794363447510VgnVCM1000004c00210aRCRD. Acesso em: 16 jan. 2024.

ou grandes.[2] Isso ocorre pela falta de estratégias corretas aplicáveis no mundo dos negócios. Uma empresa, a partir do momento que nasce, só tem três caminhos a serem seguidos: ser vendida, ocorrer uma sucessão ou ser extinta.

Por isso, cabe a você, caro leitor, se preparar desde o início da sua jornada como empresário, pois toda grande empresa foi a pequena organização que começou com os valores certos ao lado de pessoas certas. A partir do momento que alguém decide empreender, precisa ter em mente que o caminho não será fácil e haverá muitos desafios, mas as recompensas também poderão ser muito maiores.

Nesse sentido, percebo que pode existir o sentimento de fracasso e frustração no empresário que não consegue prosperar com a sua empresa. A falta de conhecimento para gerir um negócio faz com que ele se sinta mal por não ter tempo para usufruir da vida e dar atenção para as pessoas como gostaria.

A decisão de empreender é empolgante, mas, muitas vezes, a falta de conhecimento pode ser um obstáculo. Quando alguém se lança em um empreendimento sem entender totalmente o mercado, os custos e as complexidades envolvidas, corre o risco de enfrentar desafios significativos. E essa falta de informações pode levar a más decisões, erros onerosos e até mesmo ao fracasso. Portanto, é fundamental investir tempo e esforço em adquirir conhecimento, buscar orientação e aprender com os erros dos outros antes de embarcar no mundo do empreendedorismo. O conhecimento é uma ferramenta valiosa que pode pavimentar o caminho para o sucesso nos negócios.

Outro motivo pelo qual percebo que isso acontece é pela falta de gestão e falta de treinamento do time. O empresário que deseja crescer e prosperar precisa fazer a transição de uma gestão operacional para uma mais estratégica. Ficar preso na operação diária pode limitar o crescimento e a visão de longo prazo. Ao adotar uma perspectiva estratégica, o empresário pode identificar oportunidades, planejar o futuro e delegar tarefas operacionais, permitindo um desenvolvimento mais sólido e sustentável de seus negócios.

Além disso, treinar o time é fundamental e é um dos papéis de todo líder. Devemos treinar a nossa equipe para partir, mas temos que ter uma

---

2 RIBAS, R. Empreendedorismo: quase 60% das empresas fecham as portas em cinco anos. **O Globo**, Rio de Janeiro, 30 out. 2019. Disponível em: https://oglobo.globo.com/economia/emprego/empreendedorismo-quase-60-das-empresas-fecham-as-portas-em-cinco-anos-24045448. Acesso em: 16 jan. 2024.

empresa incrível para que ela queira ficar. Muitos empresários deixam de treinar as pessoas com medo de que elas migrem para a concorrência, mas é muito mais barato treinar o seu time e ver ele partir do que não treinar e ver ele ficar sem ter noção dos processos. Percebe, então, qual é a dinâmica?

O conhecimento certo, as pessoas certas e o ambiente certo proporcionam resultados extraordinários. E esse é o único ativo que podemos investir sem medo de perder, pois ele é a base que vai guiar o sucesso.

Já as pessoas certas são aquelas que nos incentivam e falam aquilo que precisamos ouvir. Estar ao lado de um bom time de sócios e colaboradores faz com que sejamos melhores. Caminhar ao lado de familiares e amigos que nos apoiem em nossa jornada é um grande combustível para alimentar os nossos sonhos. E ter bons conselheiros e mentores faz com que a gente consiga conquistar objetivos mais rápido do que se seguíssemos sozinhos.

Assim, perceba que o ambiente certo sempre vence. Ele determina quem nós somos e quem queremos nos tornar. Portanto, estar em ambientes desafiadores e com pessoas melhores do que nós mesmos faz com que sejamos obrigados a subir de nível.

Então saiba que existe um trinômio bem interessante que deve ser seguido na implementação de um negócio. Os pilares são: pessoas, processos e sistemas. Falarei sobre cada um deles a partir de agora.

PESSOAS

As pessoas devem ser competentes para que o negócio cresça. Para isso, além da realização de um bom processo de contratação, é uma necessidade estratégica investir no treinamento e na capacitação delas. A constante atualização de habilidades mantém os funcionários relevantes em um mundo empresarial em constante evolução.

PROCESSOS

Os processos devem ser inteligentes e bem definidos para que se tenha mais eficiência operacional. Isso significa que as tarefas são executadas de maneira mais rápida, economizando tempo e recursos preciosos. A padronização é outra vantagem, garantindo que o trabalho seja realizado de maneira consistente, independentemente de quem o execute. Isso resulta em uma qualidade mais uniforme e um desempenho mais confiável.

Desse modo, estabelecer processos em uma empresa não é apenas uma boa prática, mas uma necessidade estratégica. Eles são a espinha dorsal da eficiência, qualidade, escalabilidade e competitividade de uma organização, proporcionando estrutura, organização e clareza, fundamentais para o sucesso a longo prazo nos negócios.

SISTEMAS

Os sistemas devem ser eficientes para terem um desempenho importante no funcionamento de qualquer empresa moderna, independentemente do seu tamanho ou setor. Eles são os alicerces tecnológicos que impulsionam a operação, aprimoram a segurança dos dados e facilitam a colaboração para a tomada de decisões e para o sucesso geral da organização. Em um mundo empresarial cada vez mais digital, investir em sistemas eficazes é fundamental para a competitividade e o sucesso a longo prazo.

Em resumo, todo empresário deve buscar esse trinômio para os seus negócios, como pessoas competentes, processos inteligentes e sistemas eficientes, para alcançar resultados extraordinários. Eu fiz isso e você precisa fazer também.

No meu caso, quero contar que a minha empresa passou por diversos momentos desafiadores e de transformação. Ela surgiu em 1989, com o meu pai, e quase quebrou em 2006. E trabalho ali desde os 14 anos, ou seja, desde os anos 2000.

Sobre o momento em que quase quebramos, meu pai se separou dos outros dois sócios e eu já estava lá havia seis anos. Tínhamos que tomar uma decisão: ou mudávamos de profissão e íamos para outro mercado ou seguiríamos com a contabilidade e faríamos algo diferente para sair das dívidas e construir uma empresa mais sustentável.

Decidimos ficar na área contábil. Foi nesse momento que modelamos empresas de sucesso, como Disney, Apple, Google e Facebook, e chegamos à conclusão de que um grande diferencial competitivo dessas empresas era a tal da *cultura*. Ela é o que os seus colaboradores fazem quando você não está na empresa. É como eles se comportam em relação à busca por conhecimento, aos processos, às vendas, aos atendimentos e aos valores propagados no ambiente de trabalho. Foi nesse momento que começamos a investir no treinamento das pessoas com um propósito e sentimento de pertencimento. Passamos a investir muito em processos para que as atividades dentro do nosso negócio pudessem ser replicáveis com qualidade. E investimos também em sistemas para que o nosso time pudesse entregar melhor as obrigações para as quais foi contratado.

Sendo assim, o conhecimento é o alicerce para se alcançar um resultado. Por isso, muitas vezes temos que errar para aprender. Mas não é muito mais fácil, em vez de aprendermos com os nossos próprios erros, aprendermos com os erros dos outros? Essa é a diferença de uma pessoa inteligente e de um gênio. O inteligente aprende com os próprios erros, já o gênio aprende com o erro dos outros. E por mais que você não se sinta preparado ou julgue que não tem as condições necessárias para fazer as coisas acontecerem, a sua visão tem que ser maior do que a sua condição.

A nossa visão é uma fotografia do nosso futuro. Se perdermos essa motivação, não conseguimos acreditar naquilo que realmente é possível. Por isso precisamos dar o nosso melhor nas condições que temos agora. Essa é a base para crescer. Mas nada disso acontece de maneira rápida sem a aplicação de um método. E dentro da nossa jornada, o fracasso continuará fazendo parte, e é por isso que ele não é o oposto do sucesso, mas sim uma etapa do sucesso, pois é natural fracassar algumas vezes para obtermos a glória e a grandeza. Só fracassa realmente quem desiste e não está disposto a pagar o preço do jogo do crescimento.

O preço que estamos dispostos a pagar, portanto, é o jogo que vamos jogar! Todos nós sabemos o que deve ser feito para alcançar mais resultados e, muitas vezes, não investimos o tempo necessário, com o método certo, com as pessoas certas e no ambiente certo. Investir o tempo de modo intencional naquilo que buscamos e em que acreditamos é fundamental na construção de nossas jornadas.

O tempo é o nosso maior ativo e, quando damos o nosso melhor, haverá sempre uma nova oportunidade. O dia mais importante é o hoje, o local mais importante é o aqui e o momento mais importante é o agora. A nossa vida não muda no futuro. A nossa vida muda hoje, muda aqui e muda agora!

9.

O PODER DA IMAGEM

#propósito #desenvolvimentopessoal
#negócios #imagem

Iniciou a sua carreira aos 14 anos em Taquari, no Rio Grande do Sul, sua cidade natal. Ganhou notoriedade como fotógrafo de debutantes, mas hoje seu trabalho vai além: é um artista de reconhecimento internacional, cujas obras já foram expostas em diversos países, como Argentina, França e Estados Unidos. Graduando em Psicologia, se formou em Encantamento e Atendimento de Excelência pelo Instituto Disney e criou a marca Poder da Foto®. É artista da fotografia e tem a imagem como instrumento de transformação.

Igor Azevedo

© Duda Mallmann

Você comunica a sua imagem pessoal da maneira adequada? Sabe passar, a partir da imagem dita e não dita, a mensagem correta e alinhada com os seus objetivos? Tem uma estratégia de imagem pessoal? É justamente sobre isso que falaremos agora, então fique aqui porque ajudarei você a visualizar de modo mais claro o poder da sua imagem e como ele pode contribuir para os seus resultados.

Em minha experiência, vejo uma grande dificuldade em relação ao posicionamento de imagem pessoal. O resultado disso é que o público não dimensiona o potencial daquela pessoa e, assim, excelentes profissionais padecem pela falta de uma gestão adequada de sua imagem, seja na apresentação pessoal, no cotidiano ou nas redes sociais. Não basta ser e ter um excelente produto ou serviço, é necessário também mostrar.

Ao analisarmos as redes sociais de diversos usuários que desejam fazer de suas páginas uma vitrine, vemos que enquanto uns pecam pela falta de cuidado, outros pecam pelo exagero e pelo irreal. Fotografias artificiais, com poses ensaiadas, nada naturais, roupas que não condizem com o propósito ou a essência daquela pessoa e o que ela deseja transmitir. Há uma grande confusão entre estar elegante e ostentar marcas luxuosas.

Imagem pessoal está alinhada ao marketing visual, portanto, é importante ter uma imagem alinhada e asseada, algo que não depende de uma grife, por exemplo. O segredo da construção de uma imagem poderosa é, na verdade, não criar arquétipos ou personagens. E acredito que não se posicionar também comunica algo e é prejudicial, pois denota falta de clareza quanto ao propósito. Para explicar melhor essa relação entre a imagem pessoal e o posicionamento, quero contar uma história.

Atendi duas nutricionistas. Uma estava para se formar e a outra já era extremamente experiente. A mais experiente estava perdendo clientes pela falta de posicionamento, enquanto a que estava para se formar tinha muito mais pacientes por dominar as ferramentas de comunicação, como boas imagens nas redes sociais e na apresentação pessoal. Percebe qual é a lógica dessa construção?

Falar sobre imagem pessoal é urgente e precisa ser resolvido, porque o mercado como um todo exige que tenhamos receitas e saibamos vender os nossos serviços e produtos. Nessa linha, é preciso dosar a linguagem não verbal, utilizá-la para destacar qualidade sem transmitir imagens falsas. Menos é mais. A verdade traz mais refinamento e sofisticação, sem criar personagens, então é necessário lapidar aquilo que se é, com amor e com verdade.

Na comunicação, a fala verbal representa bem menos do que os demais aspectos da fala não verbal, como os gestos, a postura, a intenção de fala e a apresentação pessoal. Sendo assim, em uma sociedade competitiva, saber se mostrar e se apresentar ao público é crucial para marcar posição e construir uma autoridade sólida de credibilidade.

No projeto o Poder da Foto, faço um trabalho que evidencia as qualidades da pessoa, que destaca o propósito dela. No entanto, o primeiro passo é me sentar com o cliente para conhecê-lo profundamente e ajudá-lo a se conhecer melhor. É isso que quero passar a você, caro leitor. É necessário entender quem você é para saber transmitir o que deseja, uma vez que o trabalho do fotógrafo não é apenas fazer fotos tecnicamente perfeitas, mas gerar autoconhecimento e empoderamento. Não é possível definir qual imagem a pessoa deseja passar quando ela mesma não se conhece a fundo. Então é urgente conhecer a si mesmo e entender o que se busca para, então, definir estratégias.

Você já se perguntou se deveria investir nesse processo? Já se perguntou se o seu trabalho é bom? Se você está comunicando corretamente o que quer passar?

Buscar uma ajuda externa para um bom posicionamento e o desenvolvimento de uma comunicação eficiente é entender quais são as ferramentas para que sejamos compreendidos. E vejo que a falta de conhecimento permeia todo o processo, pois não é possível ter clareza da imagem a ser passada quando não há um conhecimento profundo de si.

Ninguém ensina em uma faculdade como aquele profissional deve falar, se vestir e conduzir o seu gestual. Ninguém ensina a ser um bom profissional de maneira subjetiva, além do conhecimento acadêmico. A falta de referências e até mesmo as más referências geram dúvidas. Nas redes sociais, por exemplo, diante de tantos perfis baseados em arquétipos e construções de imagem irreais, muitos podem não saber quais referenciais são seguros e, dessa forma, não sabem como se comunicar e fazem isso de maneira equivocada.

E tudo acontece porque, muitas vezes, entramos em um modo automático e achamos que precisamos somente vender, mas não pensamos que há um todo: se posicionar, se comunicar corretamente e gerar experiências inovadoras. Nem todos recebem as informações corretas e, novamente, uma comunicação baseada em amor e propósito não é ensinada na faculdade.

Muito se fala em *networking*, mas pouco se fala em *netweaving*, que não é uma interação sem um objetivo direto, mas sim uma troca mais profunda e subjetiva com efeitos a longo prazo. A apresentação visual e a linguagem não verbal entram nisso, são as sensações mais subjetivas geradas. Cheiros, cores, o corte da roupa... tudo ajuda na construção de uma imagem verdadeira, que gera conexão. Não há imagem certa ou errada, mas há a imagem que traduz melhor a essência de cada indivíduo e a que melhor gera conexão com aquele público específico.

Perceba então que é preciso se comunicar e se posicionar com amor e verdade, pois é dessa maneira que a conexão verdadeira acontece. Associado a isso, precisamos ter uma gestão de luxo conosco e com o nosso negócio. Vale ressaltar que gestão de luxo é diferente de vender luxo. O conceito de luxo está na entrega, na maneira como se atende, e a gestão de luxo pode ser aplicada a tudo, até a uma loja de R$ 1,99, pois é a maneira como você trata o que tem. É colocar o seu cliente como único, entregar tudo com amor e com o melhor possível. Inclusive, pode ser também como eu fazia quando comecei, ao colocar na embalagem de entrega das fotos dos meus clientes uma florzinha do jardim. A embalagem era simples, mas aquela florzinha deixava tudo mais valioso. Quando há verdade, amor e uma comunicação bem embasada, se cria magia e experiências relevantes. Isso se aplica aos negócios e às relações interpessoais, fazendo com que as soluções e os recursos sejam muito mais simples.

Após toda essa introdução, preparei alguns passos para você conseguir gabaritar esse processo com maestria.

PASSO 1: CONHEÇA A SI MESMO

É necessário entender a si mesmo, estar disposto a se abrir, assumir erros, ouvir conselhos que podem significar uma revisão de atitudes e o enfretamento de medos. Para isso, saia do automático e entenda que não é apenas sobre uma boa foto, estar bonito ou passar uma imagem do que gosta. É necessário um entendimento claro do que se é e para onde se vai.

PASSO 2: IDENTIFIQUE FORÇAS E FRAQUEZAS

Se possível, faça uma matriz SWOT sobre si mesmo, com forças, fraquezas, oportunidades e ameaças. Isso o ajudará a refletir mais profundamente sobre si mesmo. Questione-se e esteja disposto a aprender.

PASSO 3: DESENVOLVA-SE

Ao analisar os seus pontos fracos, quero que você busque se aprimorar e se desenvolver.

Tenho um cliente de muito tempo que veio de uma origem pobre e ganhou muito dinheiro. Ele me contou um dia que, à mesa, nos almoços e jantares, não sabia usar os talheres e isso o deixava receoso. Montei uma mesa e expliquei o que eu sabia sobre regras de etiqueta. Ou seja, foi mais do que uma sessão de fotos.

O Igor de 14 anos que iniciou na fotografia tinha um inspiração e uma ação, mas não tinha condições financeiras. Todavia, ele acreditava muito no seu sonho e tudo o que fazia era sempre da melhor forma que conseguia. Ele se desenvolveu e agora ajuda outras pessoas. Essa é a lógica que quero passar aqui.

PASSO 4: BUSQUE A EXCELÊNCIA

A excelência sempre me guiou. Quando não tinha condições financeiras para pagar cursos, eu lia muitas revistas e prestava atenção nas produções da TV aberta para entender o que era feito em termos de imagem, direção e estética. Isso é o que busco instigar você na busca pela excelência: a desenvolver senso crítico e um olhar observador; a aceitar verdades, erros; a entender que não somos a mesma pessoa de dez anos atrás e que não poderemos ser, nos próximos dez anos, a mesma pessoa que somos hoje.

Assim, meu objetivo principal é fazer com que você entenda que a fotografia vai muito além da imagem de uma pessoa: fala sobre o caminho que ela quer trilhar, sobre o conhecimento que tem sobre si, sobre a busca pelo aprimoramento e pela excelência. E sei disso a partir do cliente que aprendeu a usar talheres e entendeu qual era a melhor imagem de si para se tornar visivelmente mais confiante. A partir das nutricionistas que atendi e das fotografias elaboradas e das conversas sobre como aprimorar a imagem pessoal das duas. Com elas, o resultado foi o aumento da procura, pois mais clientes passaram a se interessar por seus perfis, e as suas relações sociais e no âmbito profissional se expandiram. O fato é que há uma relação direta entre criar uma imagem de pessoa forte e encorajadora e a percepção de valor por parte do público em relação àquele profissional.

Portanto, após traçar o mapa, é necessário externalizar o propósito, a missão, a visão e os valores e comunicá-los. Muitos terminam a experiência com entendimento até maior sobre quem são e para onde vai o próprio trabalho. É transformador em termos pessoais e de negócios. Mesmo quando eu fotografo debutantes, vejo essa mudança. A menina se sente mais empoderada e bonita. Quando lidamos com adolescentes, sabemos que a questão da imagem e da beleza pesa muito, então ajudá-las a encontrar os melhores ângulos e formas de apresentação na produção fotográfica as ajuda a conhecerem melhor a si mesmas e a gostarem cada vez mais de como são. A fotografia e a arte são instrumentos de cura e de transformação!

Acredito que as pessoas perderam demais ao deixar de valorizar o polimento, algo que é tão simples e valioso. Invisto muito nisso e vejo que esse é o meu diferencial.

No Instituto Disney, em que aprendi sobre encantamento e atendimento de excelência, vi que devemos transformar os clientes em fãs, pois isso vai engajá-los e mantê-los. Portanto, seja qual for o segmento em que você esteja, ter uma legião de fãs é mais significativo do que uma legião de clientes. Vejo na prática que as interações que faço foram o meu diferencial para crescer.

Iniciei fazendo coisas diferentes onde eu morava, no interior do Rio Grande do Sul, e a partir dali me fortaleci para galgar novos espaços. Assim fui crescendo e evoluindo, e sempre acreditei que abriria mercado em outros lugares. Portanto, minha sugestão é que você entenda a importância de estabelecer conexões mais profundas para criar uma aura de encantamento com o seu público e, com isso, angariar fãs, clientes fiéis e apaixonados. Ter fãs em vez de clientes é um diferencial que poucas marcas têm. Pode ser difícil alcançar esse patamar, mas as ferramentas estão nos detalhes.

No meu caso, tenho a fé, o propósito e a arte como base. A minha mãe plantou a semente da fé em mim e me ensinou a fazer tudo assim. Tendo esses pilares, se alcança o sucesso, independentemente de onde, como e quando você começar. Mas não deixe para depois: entenda os seus valores e siga em frente. Existe um mundo pronto para conhecer o seu potencial a partir do poder da sua imagem.

10.

ASSESSORIA DE IMPRENSA: A PONTE ENTRE A SUA HISTÓRIA E O MUNDO

#credibilidade #visibilidade #estratégia

Patrícia iniciou a carreira como repórter de um dos maiores jornais de São Paulo. Como assessora de imprensa e comunicação, atuou na Secretaria de Agricultura do Estado de São Paulo, em indústrias, escritórios de advocacia e empresas dos setores de alimentação, construção e varejo. Também foi responsável por implantar e gerir a comunicação interna de grandes empresas dos setores de alimentação e construção, coordenando a produção de jornais empresariais e de peças para comunicação interna.

Além disso, tem experiência em suporte e cobertura de grandes feiras e eventos dos setores de saúde, segurança do trabalho, tecnologia e seguros. Essa ampla vivência deu à jornalista uma visão estratégica sobre como a comunicação pode ser a melhor aliada dos negócios.

Patrícia Jimenes

© Ricardo Stutz

@jimenescomunicacao

www.jimenescomunicacao.com.br

Você entende a importância da assessoria de imprensa para pessoas e negócios? Sabe como ela impacta e influencia os resultados? Consegue dimensionar como um bom trabalho de relações públicas afeta o negócio como um todo? Quero que você pare por um momento e reflita sobre esse assunto. Em minha percepção, vejo que essa jornada, ao lado da assessoria de imprensa, muitas vezes é desvalorizada, apesar de ser necessária e primordial. Sabe por quê?

Buscar visibilidade e credibilidade na mídia e na imprensa é uma caminhada que envolve uma série de desafios, e um dos mais iminentes é a alta competição no espaço midiático. Com tantos indivíduos e empresas procurando o próprio lugar ao sol, torna-se um grande desafio conseguir se destacar em meio a tantas vozes clamando pela atenção da mídia. Todos querem, poucos conseguem. E hoje o nosso maior ativo é a atenção, sem sombra de dúvidas. Vejo muitas pessoas que passam por situações em que investem consideravelmente em comunicados e estratégias de relações públicas, mas não veem o retorno desejado em termos de cobertura de mídia.

Na trilha da visibilidade, construir uma narrativa autêntica e, ao mesmo tempo, atraente para os meios de comunicação é uma arte em si mesma. É comum encontrar profissionais e marcas aprimorando e moldando as suas mensagens de maneira incessante, para depois enfrentarem dificuldades em fazer as histórias repercutirem e engajarem o público e a mídia da maneira esperada.

Além disso, estabelecer e manter relacionamentos sólidos com jornalistas e influenciadores é uma tarefa que requer destreza e autenticidade. Muitos enfrentam a frustração de enviar informações e histórias para membros da mídia e serem recebidos com silêncio, tornando a construção de conexões genuínas um desafio persistente. E tudo isso sem contar as polêmicas!

Quando se trata de gestão de crises e imagem, as marés da opinião pública e as informações negativas podem ser tanto imprevisíveis quanto devastadoras. Muitos profissionais lutam para gerenciar proativamente a imagem e a reputação, especialmente quando se encontram no meio de adversidades ou de escândalos que podem invisibilizar os seus esforços positivos.

A realidade é que a paisagem midiática está sempre evoluindo, e entender e se adaptar a essas mudanças é um trabalho constante. O que antes era uma estratégia eficaz pode rapidamente se tornar obsoleto, exigindo que marcas e profissionais estejam sempre alertas e prontos para ajustar as suas estratégias de acordo com as novas tendências e preferências.

Por isso, manter uma mensagem consistente, relevante e atraente também é um equilíbrio delicado a ser mantido. Os esforços para manter a comunicação coesa enquanto se adapta a diferentes plataformas e públicos pode ser uma tarefa envolvente e, muitas vezes, complexa.

A necessidade de provar e revalidar continuamente o valor e a credibilidade em um cenário saturado é outra questão proeminente. Os profissionais frequentemente encontram-se na posição de ter que apresentar constantemente os seus *cases* de sucesso e testemunhos de uma maneira que continue a ser persuasiva e relevante para o público e para a mídia.

Operando frequentemente com recursos limitados, as decisões sobre em quais locais deve-se alocar tempo, dinheiro e esforços tornam-se pontos críticos de definição. A busca por encontrar a estratégia mais eficaz com o máximo impacto sobre a visibilidade na mídia, frequentemente, leva a decisões desafiadoras sobre quais iniciativas priorizar. Adicionalmente, gerenciar expectativas sobre o que a exposição na mídia pode concretamente proporcionar é um fator crucial. Muitos enfrentam o desapontamento quando os holofotes não se traduzem imediatamente em resultados tangíveis ou conversões.

Você se identifica com algum desses fatores? Acha que está enquadrado em alguma dessas questões que apresentei? Em minha percepção, muitas pessoas se encaixam em um (ou mais) desses pontos. E falar sobre isso é fundamental e urgente.

Resolver as dificuldades inerentes à obtenção de visibilidade e credibilidade na mídia/imprensa está intrinsecamente ligado ao papel proeminente que esses veículos desempenham na formação de percepções, na construção de reputação e, em última análise, no sucesso de indivíduos e organizações. Em um mundo cada vez mais conectado e digitalizado, a imagem pública se tornou não apenas um mero aspecto da operação de uma entidade ou personalidade, mas um pilar vital que sustenta a sua posição no mercado, contando com a confiabilidade e o relacionamento com o público.

Quando uma pessoa ou organização falha ou enfrenta desafios em obter e gerenciar a sua presença na mídia, ela não apenas perde a oportunidade de destacar a sua história, propósito ou produto, como também arrisca ser ofuscada por narrativas concorrentes ou, ainda pior, por narrativas negativas que podem surgir na ausência de uma comunicação bem articulada.

E se você acha que as redes sociais deixaram esse tema ainda mais urgente, você está certo. A onipresença das redes e das plataformas on-line amplifica ainda mais essa urgência. A velocidade com que as informações são disseminadas e a facilidade com que percepções podem ser formadas e reformadas demandam uma gestão de imagem e presença na mídia constantemente ativa e vigilante. Histórias, boas ou ruins, viajam pelo ciberespaço com uma rapidez fulminante, e uma vez que uma narrativa ganha impulso, pode ser incrivelmente desafiador redirecioná-la.

O impacto direto que a presença na mídia pode ter sobre o sucesso financeiro e operacional é outro fator crucial que impulsiona essa urgência. Uma presença midiática positiva pode impulsionar vendas, atrair investidores, parcerias e talentos, enquanto uma crise de imagem ou uma presença midiática inexistente ou inconsistente pode afetar negativamente a linha de fundo, as operações e as perspectivas futuras.

E para aqueles que buscam introduzir mudanças, impactar a sociedade ou impulsionar uma causa, a capacidade de se conectar e comunicar eficazmente por meio da mídia é imperativa. A influência da mídia permeia todas as camadas da sociedade, e ser capaz de navegar com sucesso por essa esfera significa ter a capacidade de direcionar conversas, moldar discursos públicos e, em última análise, influenciar mudanças em uma escala mais ampla.

Quer ver dois exemplos sobre como a assessoria de imprensa é importante? A Nubank, startup brasileira no setor financeiro, ganhou visibilidade significativa e cresceu exponencialmente, e isso aconteceu em parte graças às estratégias eficazes de comunicação e assessoria de imprensa. A empresa adotou desde o início uma abordagem inovadora e centrada no cliente para os serviços bancários, o que naturalmente atraiu atenção. No entanto, a habilidade com a qual a marca e suas histórias foram comunicadas à mídia desempenhou um papel fundamental no rápido crescimento e na popularização da empresa.

Elon Musk é outro ótimo exemplo! CEO da Tesla e do SpaceX, Musk é notório por sua presença ativa e por vezes controversas no Twitter. Seus tweets têm o poder de influenciar mercados e percepções públicas. Em várias ocasiões, os tweets de Musk causaram flutuações significativas nos preços das ações da Tesla e em outras criptomoedas, como o Bitcoin e Dogecoin. Quando Musk tweetou sobre a compra de Bitcoin pela Tesla e, posteriormente, sobre a suspensão do Bitcoin como forma de pagamento para veículos Tesla devido a preocupações ambientais, por exemplo, os mercados reagiram imediatamente com volatilidade nos preços da criptomoeda.[1]

Isso nos mostra, portanto, que a maneira como uma figura pública utiliza as mídias sociais e gere sua comunicação pode ter impactos palpáveis e imediatos na economia e na percepção pública, tornando a gestão eficaz da presença midiática crucial.

Além disso, vale comentar que, em minha experiência, frustração e invisibilidade são alguns dos sentimentos comuns em indivíduos ou empresas que buscam visibilidade na mídia e não conseguem atrair a atenção desejada para as suas histórias ou marcas. Podem até ter investido tempo, recursos e energia desenvolvendo marcas ou projetos, mas a falta de reconhecimento e de visibilidade na mídia pode fazer com que se sintam invisíveis e desvalorizados no mercado. Isso se estende não apenas à falta de reconhecimento pelo público-alvo, mas também à dificuldade em destacar-se num ambiente saturado e competitivo.

Outros sintomas comuns são ansiedade e medo do fracasso. Você se identifica? A ansiedade muitas vezes vem da pressão de tentar incessantemente alcançar a mídia e o mercado, enquanto enfrenta o medo do fracasso ou de ser superado pela concorrência. Esse medo pode se manifestar de várias formas, incluindo a preocupação de que as suas mensagens não sejam ouvidas ou que não ressoem com o seu público-alvo e que os esforços de marketing e comunicação não consigam gerar o impacto desejado. Esse sentimento pode ser especialmente agudo em empresas emergentes ou em indivíduos que estão apostando muito na aceitação do mercado para garantir a continuidade de seus projetos ou negócios.

Nesse sentido, vejo que as principais causas são: falta de conhecimento específico sobre mídia e relações públicas, desconhecimento sobre a operacionalização e o valor da assessoria de imprensa e percepção equivocada sobre a acessibilidade e aplicabilidade da assessoria de imprensa.

Em primeira instância, muitos empreendedores, criadores e profissionais possuem uma riqueza de conhecimentos e habilidades em suas respectivas áreas, mas podem não ter a expertise específica em comunicação, mídia e relações públicas. A universidade, os cursos técnicos ou a experiência prática podem preparar os indivíduos incrivelmente bem para

---

1 PUBLICAÇÕES de Elon Musk no Twitter influenciam nos preços de criptomoedas, mostra estudo. **Exame**, 3 ago. 2023. Disponível em: https://exame.com/future-of-money/publicacoes-elon-musk-influenciam-precos-criptomoedas/. Acesso em: 14 nov. 2023.

os aspectos técnicos e operacionais de seus papéis profissionais, mas as nuances de trabalhar com a mídia, criar narrativas atraentes e navegar no cenário de relações públicas podem não fazer parte dessa educação.

Em segundo lugar, em relação ao desconhecimento sobre a operacionalização e o valor da assessoria de imprensa, uma razão substancial pela qual as pessoas ou empresas encontram dificuldades em ganhar visibilidade na mídia pode se ancorar por não saberem como a assessoria de imprensa opera e o valor intrínseco que ela pode oferecer. Muitos indivíduos, especialmente aqueles em estágios iniciais de seus empreendimentos ou carreiras, podem não ter sido expostos a informações detalhadas sobre como um assessor de imprensa pode moldar e direcionar a narrativa da marca, conectá-los com jornalistas ou ajudá-los a navegar pelos mares, muitas vezes tempestuosos, da opinião pública. A falta dessa compreensão pode fazer com que negligenciem a importância de incluir uma estratégia de assessoria de imprensa robusta e bem pensada em seus planos de negócios ou de desenvolvimento de carreira.

Por fim, em relação à percepção equivocada sobre a acessibilidade e aplicabilidade da assessoria de imprensa, temos outro motivo significativo para que essa área seja deixada de lado. A assessoria de imprensa não é uma estratégia apenas para grandes corporações ou celebridades, que está fora do alcance financeiro de muitos. Também não deixa de ser aplicável a pequenas empresas, startups ou profissionais autônomos.

Assim, quero que você invista na narrativa certa para construir pontes entre a sua história e o mundo, alicerçando sua jornada para o sucesso na mídia com uma assessoria de imprensa estratégica. Não podemos apenas criar, mas precisamos comunicar efetivamente histórias e mensagens no atual cenário saturado de mídia. Essa prática, quando implementada com consistência e estratégia, não só eleva a visibilidade da marca ou do indivíduo, mas também estabelece um alicerce sólido para a comunicação e para a presença midiática.

Então, pensando como poderia ajudar você a ter uma assessoria de imprensa que vai impulsionar a sua vida e o seu negócio, preparei o seguinte passo a passo.

1. NARRATIVA SÓLIDA E AUTÊNTICA

Ao iniciar a jornada para sair do rascunho e entrar plenamente no palco da visibilidade midiática, o primeiro passo crucial é estabelecer uma narrativa sólida e autêntica. E isso não diz respeito meramente ao que você faz ou o que a sua empresa oferece, mas por que você faz aquilo e por que isso importa para o seu público e para o mundo.

Este ponto envolve um mergulho profundo em sua missão, visão e valores, e é aqui que a autenticidade se torna vital. O público e a mídia possuem afinidade para perceber incongruências ou mensagens fabricadas. Assim, a sua narrativa deve ser verdadeiramente reflexiva sobre quem você é e sobre o valor que você traz. Isso requer uma introspecção profunda, uma avaliação honesta de suas forças, valores e propósitos, e uma disposição para ser vulnerável e transparente na forma como você comunica isso ao mundo.

2. IDENTIFICAÇÃO E CONSTRUÇÃO DE RELACIONAMENTOS COM A MÍDIA CERTA

O segundo passo, uma vez que a sua narrativa está clara, coesa e autenticamente formulada, é identificar e construir relacionamentos com a mídia e os influenciadores certos em seu setor ou campo. Isso vai além de simplesmente enviar *press releases* genéricos para uma ampla lista de contatos na mídia. Trata-se de pesquisar profundamente para entender quais jornalistas, blogueiros, influenciadores e veículos de mídia têm um histórico de interesse e cobertura de histórias como a sua.

Quais são seus ângulos preferidos? Como eles preferem ser abordados? Aqui, o objetivo não é apenas obter cobertura, mas cultivar relacionamentos de longo prazo com a mídia, tornando-se um recurso valioso e confiável para ela em sua área de especialização. Este passo envolve não apenas a habilidade de apresentar as suas histórias de maneira atraente e relevante para a mídia escolhida, mas também de engajar-se de modo que seja respeitoso, valorize o tempo e os interesses dos profissionais e entenda e atenda às necessidades e pressões editoriais de todos os envolvidos.

3. ORIENTAÇÕES TRANSFORMADORAS PARA A APLICAÇÃO

Em ambos os passos anteriores, a aplicação prática e consistente reside na mudança real e transformadora. Ao desenvolver a sua narrativa, dedique tempo regularmente para revisitar e refinar, garantindo que ela evolua à medida que você ou a sua empresa crescem e mudam.

Se você colocar esses três itens em prática, estará com certeza um passo mais perto de ter uma assessoria que gera resultados e muda carreiras. Quer um exemplo de como isso funciona? Roberto Shinyashiki confiou em nossa estratégia e, utilizando essas orientações, fizemos o seu processo. Ele concedeu algumas entrevistas ao programa Mais Você, apresentado por Ana Maria Braga, tendo, inclusive, em uma dessas entrevistas, ido ao estúdio tomar café da manhã com a apresentadora. E se você acha que isso aconteceu da noite para o dia, saiba que não foi assim.

Foram quatro meses incessantes de tentativas em entregar uma estratégia de pauta que fizesse sentido para o programa e para o Roberto. A cada semana, estruturávamos uma pauta com um conteúdo diferente sobre o Roberto e os seus ensinamentos, até que, após esses meses, fechamos finalmente a participação do palestrante e psiquiatra no programa.

Roberto permaneceu no estúdio por três blocos consecutivos falando sobre a sua história de vida, seu novo livro da época (*Pare de dar murro em ponta de faca*)[2] e, também, falou sobre uma grande tragédia que havia acontecido aqui no Brasil, vitimando centenas de pessoas. O especialista comentou sobre a dor e as fases do luto, enfatizando que é necessário vivê-lo para "superá-lo". A entrevista foi um sucesso e, ao mesmo tempo, Roberto conseguiu passar uma mensagem acolhedora e de conforto às pessoas que estavam vivenciando aquela tragédia.

Sendo assim, se pudesse trazer apenas um conselho sincero para você, seria: valorize e invista na sua narrativa e nas suas relações midiáticas tanto quanto você investe em seu produto ou serviço. A história que o mundo ouve sobre você e a forma como ela é transmitida, frequentemente, molda a realidade percebida sobre o que você oferece. A sua narrativa e a forma como ela é comunicada na mídia tornam-se a realidade na mente do seu público-alvo.

Se estiver considerando desistir, lembre-se de que cada história de sucesso que você vê na mídia tem por trás uma série de tentativas, falhas e lições aprendidas. As suas mensagens, o seu trabalho e a sua paixão merecem ser vistos e reconhecidos. A estrada para a visibilidade e credibilidade midiática pode ser complexa e cheia de desafios, mas cada passo, mesmo os desanimadores, constroem a resiliência e a autenticidade de sua marca ou persona. E quando a sua história finalmente ressoar e você visualizar o impacto que ela pode gerar, a jornada terá valido a pena. Então, mantenha-se firme, lembre-se do seu "porquê" e permita que a paixão e o propósito guiem a sua persistência por meio dos obstáculos.

---

2   SHINYASHIKI, R. **Pare de dar murro em ponta de faca**: e seja você maior! São Paulo: Gente, 2017.

Cada jornada para rumo ao sucesso e reconhecimento é pontilhada por histórias que nos inspiram, emocionam e nos conectam uns aos outros. E a sua história, única e repleta de significado, merece ser contada e ouvida. Por isso, investir em uma assessoria de imprensa é, na essência, confiar nos artesãos da comunicação para esculpir e projetar a sua mensagem no cenário global de maneira impactante e ressoante. É uma embarcação que navega a sua narrativa por meio dos mares, por vezes turbulentos, da mídia e do público, assegurando que a sua voz não seja apenas ouvida, mas lembrada, valorizada e celebrada.

Por último, convido você a permitir que a sua história seja um farol, iluminando caminhos, inspirando outras pessoas e solidificando o seu lugar em meio a vozes que realmente fazem a diferença. Vamos juntos, com estratégia, tecer sua narrativa e criar impacto, legado e uma marca indestrutível de autenticidade e sucesso.

II.

MARKETING EVOLUTIVO IMPULSIONA O CRESCIMENTO

#estratégiademarketing #escalar #empreendedorismo

É apaixonada por inovação e pelo desenvolvimento e implementação de estratégias integradas e evolutivas, impactando, de ponta a ponta, negócios por meio de estratégias inteligentes de marketing. É também uma fazedora: inquieta por natureza, além de amar trabalhar com pessoas. Empresária com seis anos de agência de marketing e *growth*, descobriu uma forte conexão em desenvolver experts, construir resultados extraordinários com foco em processos, cultura evolutiva e desenvolvimento de metodologias para negócios prosperarem.

Em 2023, partiu para o campo fascinante da educação, com uma escola de marketing, tendo como principal pilar abrir as portas da inteligência de metodologias de marketing desenvolvidas. Com a visão de atuar no marketing de ponta a ponta, já aplicou estratégias em mais de 150 projetos dos mais diversos nichos, sendo o principal a área da saúde.

Palestrante convidada no maior evento de marketing e vendas da América Latina em 2019, e em *talks* e workshops de marketing em 2020, 2022 e 2023, também atuou como professora de cursos universitários focados em marketing. De tantas trajetórias e estratégias, o projeto mais fascinante é a criação do seu filho atípico e ajudar o mundo a ver o autismo com olhos mais afetuosos.

© Igor Azevedo

Bárbara Masiero

@barbara___masiero

Bárbara Masiero

S e você tem um negócio e quer falhar no impulsionamento dos seus resultados, basta não pensar em marketing como uma máquina de crescimento. E é justamente por isso que, em minha percepção, as pessoas e as empresas não saem do rascunho no departamento de marketing: elas não acreditam no processo e desistem nos primeiros meses. Fazem comparações excessivas com quem já entendeu tudo dessa área e têm vergonha de mostrar como são excelentes no que fazem.

Veja, eu sei que muitos gurus dizem que você deve começar no digital de qualquer maneira. Concordo muito com aquela máxima de que o feito precisa ser melhor do que o perfeito. Mas planejar, aplicar e evoluir é o que muda o jogo. E ignorar essas etapas da metodologia de resultados focada em *growth* marketing pode levar a duas situações:

1. Movimentos reativos a problemas em vez de ações focando resultados;
2. Muitos erros e prejuízos que poderiam ser evitados a partir do planejamento adequado.

Você se enxerga em algum desses casos? Sente que está em alguma dessas situações? Se sim, fique aqui porque ajudarei você a sair desse círculo ineficiente de falta de resultados pela ausência de uma estratégia adequada de marketing digital.

Os grandes *cases* de sucesso que acompanhei ao longo dos últimos dez anos de experiência, com mais de 150 estratégias para os mais variados nichos, foram os elementos necessários para que eu desenvolvesse os cinco pilares fundamentais para ter um marketing poderoso. São eles:

1. Estratégia evolutiva;
2. Investimento;
3. Entusiasmo;
4. Pessoas;
5. Tempo.

Mas antes de falar sobre esse assunto, quero expor como tenho visto essa situação na maior parte dos negócios. A maior trava aqui é entender que ainda é preciso testar antes de acertar; ter ferramentas, pessoas e investimento antes de colher os frutos.

Foi assim que os grandes *cases* de mercado funcionaram no começo. Mas tudo isso começa com uma inquietação, pessoas com um problema que precisa ser resolvido, uma ideia linda que quer ganhar o mundo. Depois disso, surgem as dúvidas (como começar? Em quais canais investir? Quanto investir?), as inseguranças (comparação, resultados inatingíveis) e as travas ("não sou capaz", "não sou bom o suficiente", "nunca terei sucesso no digital" e "não vou prosperar"). A realidade, entretanto, é que tudo isso se resume à falta de *tempo*, de *estratégia*, e de *experts* que *guiam* o processo. Você não precisa saber tudo de marketing, só precisa tomar uma decisão, ter um plano de ação e não desistir.

E sabe por qual motivo isso é urgente e precisa ser feito agora? Porque o mercado está cada vez mais competitivo. Novos profissionais entram nas redes sociais e se posicionam cada vez melhor, fazem cada vez mais ações e investem mais em marketing. Eu já desenvolvi diversas estratégias para pessoas com níveis de conhecimento absurdos, mas que estavam ficando para trás por não terem se posicionado antes. E pior: elas estavam perdendo para "novatos" do mercado. Percebe qual é a lógica aqui?

As pessoas estão mais aptas a mergulhar de cabeça nas tendências do digital, sendo que esse nicho já faz parte da vida de todo mundo. Então não existe mais a opção de não estar on-line, de se abster, de ficar de fora. O futuro é *phygital*, físico e digital, é um futuro que unifica a experiência das pessoas no on-line e na vida real.

E quando falamos sobre a jornada de compra do cliente, as pessoas têm comportamentos diferentes e percorrem suas jornadas como quiserem, por exemplo: pelo Instagram, pesquisando no Google, pelo WhatsApp e, até mesmo, a partir de vídeos tutoriais no YouTube antes de comprar. Todas essas modalidades de compra são possíveis e acontecem no mundo em que vivemos. Ou seja, não estar disponível ou visível com o seu marketing em nenhum desses canais, provavelmente, criará um futuro em que a empresa vai ficar para trás. Isso acontece porque, se você não se posicionar e se preocupar em ocupar os espaços, outra pessoa o fará e o seu cliente verá e talvez até possa se interessar. Assim, é urgente subir o nível do marketing e inovar apostando em estratégias evolutivas. As pessoas evoluem e mudam o seu comportamento todos os dias, por isso o seu marketing precisa acompanhar a onda ou você ficará fora do jogo. E você não quer isso para o seu negócio, certo?

Além disso, vejo um cenário recorrente: pessoas que buscam reconhecimento, mas têm medo da repressão, do cancelamento. Sentem que estão ficando pra trás, mas não tomam nenhuma atitude, apenas admiram o resultado alheio (a grama mais verde do vizinho). E marketing digital não é fácil como comer batata frita: a realidade é que quem não se posiciona decepciona!

São indivíduos que acabam procrastinando o próprio sucesso por não seguirem uma estratégia inteligente, que acabam não investindo em equipes experts de verdade em marketing e responsabilizam o próprio sucesso no sobrinho que faz posts ou em um conjunto de anúncios de vez em quando. Eles perdem tempo valioso e dão desculpas por não terem a cultura preparada para tornar o marketing digital um braço do próprio sucesso, capaz de escalar resultados.

Muitos deles têm medo de escalar resultados e acabam caindo em uma espiral do desespero: "e se eu vender demais?"; "e se a minha solução não for boa?"; "e se a minha voz no vídeo for estranha?"; "eu preciso ter tempo e não é essa minha prioridade agora". São tantos "e se's" que sequer cabem aqui. Enquanto isso, chega o novato e sai na frente, parecendo anos-luz mais competente. Contudo, ele só parece mesmo, não necessariamente é. As pessoas estão acostumadas a verem outras de muito sucesso on-line, mas a verdade é que esse é só um palco; nos bastidores ninguém sabe de verdade o que acontece. É aí que o bicho pega e ninguém posta sobre isso.

Não posso deixar de mencionar também que algumas pessoas passam por isso pois têm medo do sucesso que outras já alcançaram. Têm medo de ter que passar por toda a jornada, têm medo de cometer os mesmos erros e medo de serem só mais um na fila do pão. Algumas entendem que terão que se posicionar, liderar conversas difíceis com a audiência e por isso preferem se abster disso. Ficam na plateia vendo o resultado dos outros.

O que aconteceu, na verdade, é que alguns gurus de marketing lhe prometeram resultados milagrosos em métodos infalíveis, só que isso não se aplica na vida real, não sem suor e lágrimas. Acontece também que muitas pessoas já acreditaram nisso e acabaram indo mal e se frustrando com o marketing e seus canais digitais. Mas não existe outra opção: ou você está presente no on-line ou você não existe para o seu mercado. E a nossa opção é não acreditar em milagre ou promessa, mas sim em método e constância.

"Você será eternamente responsável por aquilo que prometeu" foi algo que ouvi em determinado momento da minha jornada e que me marcou, porque entendi que as redes sociais estão cheias de posicionamentos vazios. Uma certeza eu tinha: a de que o meu posicionamento não seria assim. A verdade é que nos posicionamos para ter certeza de que as pessoas entendem por que estamos aqui, e, consequentemente, mudamos o resultado do jogo quando nos posicionamos: com um DNA de posicionamento estampado, a *big idea* claramente explicada (a primeira impressão é a que fica) e com foco total no que estamos nos propondo a ensinar, porque é preciso fazer algo verdadeiro e não apenas jogar promessas milagrosas no ar.

Marketing é coisa séria. E para valer a pena, ele precisa ser evolutivo, como um processo da empresa e a cultura de um negócio. É a oportunidade de atingir milhares de pessoas e criar impressões sobre você a partir de segundos de contato. Ou seja, não apostar nisso seria desperdício e até egoísmo.

Desse modo, para que você possa estar mais preparado para esse mercado, preciso que o primeiro ponto a ser aprendido seja o conhecimento, assim as decisões conscientes virão como fatores que moldam o plano evolutivo de crescimento.

Não é que você precisa conhecer todas as ferramentas, anúncios, saber tudo sobre os lançamentos ou entender sobre produção de conteúdo e algoritmo do Instagram. É impossível alguém saber disso tudo sem que seja o dono de uma agência. Ou seja, você precisa ter pessoas que saibam disso, que sejam melhores do que você nisso, que tenham as ferramentas certas, para que possa focar o que você faz melhor: atender, vender e encantar clientes.

Em um plano de marketing de crescimento, existem dezenas de estratégias sendo desenvolvidas e implementadas em conjunto. É a união de várias metodologias e ferramentas trabalhando juntas, como uma orquestra. O que quer dizer também que, talvez, não será uma única metodologia que vai funcionar; talvez seja preciso montar uma orquestra com diferentes instrumentos musicais que nunca tenham tocado juntos. Afinal, marketing não é receita de bolo, e o que funcionou para o colega pode não funcionar para você.

E é aí que você entra: como expert no seu negócio, você entende do seu DNA como ninguém, entende do seu cliente melhor do que qualquer pessoa. Marketing evolutivo é sobre não delegar o indelegável, sim! Mas também é sobre precisar de ajuda e de um método que faça sentido, com o seu DNA estampado nele, ajudando cada vez mais pessoas a solucionarem um problema em questão.

Assim, tudo aquilo a que nos propomos a fazer precisa ter o nosso DNA estampado. As coisas em que acreditamos, como nos posicionamos, no que somos bons de verdade, como vendemos e quais são as conversas importantes que precisamos liderar com o público. Isso se reflete em métodos de marketing de crescimento (*growth*), com maneiras de mostrar um posicionamento de personalidade, que ocupa espaços e fala o que o seu cliente quer e precisa ouvir.

Sim, para tudo existe um método, para todo método existem processos e para todos os processos existem pessoas. Por exemplo, de venda: como influenciar pessoas a comprarem o seu produto sem falar dele? É vender sem parecer que está vendendo, é a venda persuasiva.

Ofertar o produto ou serviço quando não há desejo é colocar toda a operação de venda no lixo. Vender e forçar a tomada de decisão, ajudando sempre por meio de conhecimento e influenciando ao mesmo tempo, é saber falar aquilo que as pessoas querem ouvir. Isso não se resume a falar simplesmente do seu produto ou solução – e adotar essa estratégia significa criar um muro imenso entre o "sim" e o "não" da compra.

Essa conversa persuasiva é uma técnica e pode ser utilizada na prática em três etapas, o que chamo de técnica 3D de conteúdo, e cada um dos conteúdos tem diferentes objetivos a serem cumpridos. Sempre planejando, aplicando, evoluindo.

COMO A TÉCNICA 3D DE CONTEÚDO FUNCIONA?

Você precisa, em primeiro lugar, descrever as suas personas e conhecer o seu cliente profundamente. Isso é um ótimo começo. Pense nas suas personas como um círculo: quando o círculo fica menor, a visão fica maior.

Ser mais seletivo ajuda a manter os seus pontos fortes, e nichar é ideal para fazer isso acontecer. Nichar faz parte de conhecer melhor o seu terreno, se destacar no que é excelente e focar assuntos importantes com o público certo. Sim, você ficará mais seletivo, mas nichar também é essencial para se destacar no meio de uma multidão. Utilize os recursos que você já possui e comece com histórias que já deram certo para você.

Depois, é preciso pensar em linhas editoriais de conteúdo, isto é, pensar em categorias de temas e assuntos parecidos entre si que você vai abordar com propriedade. Posteriormente, deve-se dividir esses temas em três pontos importantes, fazendo uma distribuição repetida entre eles (formando um poderoso ciclo):

1. **Dor:** o foco dos conteúdos é sanar ou explanar claramente uma das dores da sua persona, que será resolvida com o seu produto;
2. **Desejo:** aqui o conteúdo precisa despertar desejo, fazendo com que a persona se veja no futuro já transformada pela sua solução;
3. **Dúvida:** os conteúdos sanam dúvidas ou objeções dos clientes. São aqueles que quebram uma dúvida, respondem perguntas e mostram que você sabe como resolver um problema melhor do que ninguém.

A técnica 3D de conteúdo, para ser coerente, precisa ser combinada com seu DNA de posicionamento, com total clareza do que está sendo falado. Você pode começar com estas três perguntas:

» O que eu faço que ninguém (ou poucas pessoas) faz?

» Por que eu faço o que eu faço?

» Como eu inspiro pessoas?

O método que criei e batizei de ECM (estratégia, conteúdo e máquina de vendas) de *growth* marketing atua em um negócio de ponta a ponta e já foi testado e validado em mais de 150 estratégias que atuei até hoje, unificando marketing, vendas e posicionamento, sendo este o melhor caminho para um marketing evolutivo que faz empresas crescerem.

ESTRATÉGIA

A estratégia é a bússola, é o que define táticas e guia o caminho. Com objetivos e metas definidas, une inteligência, ferramentas e experts em um só plano de execução. Ou seja, é um processo que arruma a casa unindo todos esses elementos.

CONTEÚDO

O conteúdo é o rei, é como você se mostra, compartilha as suas opiniões e constrói relacionamento. É como define o posicionamento e conquista relevância. É o responsável por empilhar conhecimento, entregar soluções inteligentes e trazer conversas importantes para a audiência pensar.

MÁQUINA DE VENDAS

A máquina de vendas é o que rentabiliza o processo e monitora em tempo real o caminho que gera aumento de receita. E esse é o grande segredo do marketing de crescimento: unificar metodologias em prol dos mesmos objetivos, todos remando para o mesmo lado.

Seguindo adiante, entre *cases* de sucesso e estratégias com velocidade de resultados e outras nem tanto, existe a diferença entre pessoas que já desenvolveram a cultura do marketing de crescimento e escolheram os métodos que vão aplicar e outras que não fizeram isso. Não seria possível falar sobre isso sem ter experienciado na pele tantos projetos e suas fases dentro desses dez anos de estrada no marketing.

O momento mais decisivo em que os métodos aplicados trouxeram resultados enormes foi diante da continuidade e constância de sua aplicação, e para isso alguns levaram anos até conseguir – além de terem respeitado o ciclo da estratégia evolutiva que faz todo o marketing se manter inovador: planejar, aplicar, evoluir.

Existiram também outros grandes *cases* de autoridades e posicionamento relevante nas redes sociais (por meio desses métodos), que se estenderam do Instagram para o YouTube, por exemplo, e evoluíram depois para uma lista de contatos de mais de 500 mil contas de e-mails e oportunidades de venda. Depois, se tornaram recordes de audiência pois entenderam tudo sobre as pessoas que estavam sedentas pelo conhecimento ao qual teriam acesso. Essas empresas entenderam tanto do seu cliente que transformaram seu conhecimento em cursos on-line, com metodologias próprias e de extremo sucesso, com lançamentos escaláveis de sete dígitos em sete dias. Mas, antes disso, esses negócios que atingiram o sucesso escalável no seu marketing obtiveram sinais importantes e souberam identificá-los. E aqui estão alguns exemplos de sinais de que é o momento de escalar:

- ▸▸ Agenda lotada;
- ▸▸ Clientes muito satisfeitos e indicando o seu produto;
- ▸▸ Aumento de ticket médio de venda;
- ▸▸ Grande número de contatos na própria base;
- ▸▸ Número crescente de inscritos no canal do YouTube e de seguidores no Instagram;
- ▸▸ Audiência interagindo em *lives*, postagens e demais conteúdos (mais acesso).

A grande pergunta que fica, portanto, é como essas pessoas que alcançaram crescimento e resultados exponenciais se mantiveram motivadas. Por um objetivo muito grande: elas sabiam que, lá na frente, no fim do caminho, conseguiriam chegar ao topo da montanha.

Na maior parte dos casos, essas pessoas tiveram um propósito incrivelmente forte, muito além de ganhar dinheiro e fama, mas com um DNA próprio de posicionamento, com opiniões e conhecimento que precisavam mostrar para o mundo. Entenderam que, se não falassem nada, estariam sendo egoístas e decidiram impactar e ajudar mais e mais pessoas através de conversas importantes. Essas pessoas aprenderam que a vergonha não paga boletos, e que o melhor remédio para acelerar o sucesso é buscar ajuda de experts que sabem segurar as pontas quando o barco parece afundar. Jamais estiveram sozinhas, mesmo sem atrair multidões inicialmente; sempre tiveram o seu propósito e sabiam muito bem quem elas eram, só precisavam entender como entregar isso para mais clientes.

Assim, no fim de nosso encontro neste capítulo, que não precisa parar aqui, pois espero encontrar você no mundo on-line, espero que todas essas informações sirvam de inspiração a quem tem dúvidas se vale a pena começar e como começar, e a quem já começou e não quer parar.

O maior incentivo que podemos ter são os nossos mentores e as nossas referências: use-as para que elas sirvam de apoio e força. Lembre-se sempre de modelar as referências, jamais copiar, inserindo o seu DNA de posicionamento na ideia referenciada. Mas tenha mentores que ensinam a movimentar as coisas para a frente antes de pensar em problemas, a encontrar melhorias e oportunidades em meio às crises. Tenha referências para que a criatividade não se esgote e mantenha a sua clareza absurda de propósito. É aí que se escondem soluções geniais de crescimento.

Se fez sentido, me deixe saber que fui útil para você. Agora você concluiu a primeira parte da sua estratégia evolutiva e está pronto para seguir para a próxima etapa: a de planejar e aplicar para depois evoluir. Obrigada por aprender. Boa leitura!

12.

A EXPE-RIÊNCIA É O CENTRO DE TUDO

#marketing #experiência #digital360

Pai, filho, marido, irmão, líder, gestor e amigo. É fundador do Grupo Duo, agência 360º de ecossistema de negócios digitais com 250 colaboradores em todo o Brasil, com alto nível de governança corporativa e resultados expressivos no mercado nacional.

Natural de Caxias do Sul (RS), fez especialização em Harvard em Inovação Estratégica e tem dez anos de estrada digital até alcançar o topo como Agência do Ano em 2022 e 2023. Mentor e palestrante, aprendeu que o ambiente muda tudo, e dar o seu melhor nos detalhes é fator decisivo para alcançar todos os resultados.

João Brognoli

© Igor Azevedo

@ @joaobrognoli

nfelizmente, marketing ainda é um enorme tabu dentro das corporações. As dúvidas que ficam: ter um time interno ou contratar uma agência? Como escalar os meus resultados mais rápido? Como privilegiar uma estratégia que dará certo para os resultados que estou imaginando? São muitas perguntas e as respostas nem sempre são claras.

Existe também a dificuldade de contratar pessoas, porque tocar um projeto com uma agência não é tão rápido quanto fazer essa gestão dentro de casa. Os fatores são inúmeros e focamos mais o que faremos do que *quem* será impactado. Na verdade, a melhor estratégia e o melhor formato são variáveis e dependem muito do investimento, da estrutura e da intenção de cada empresa. Mas existe um ponto em específico em comum para qualquer cenário e, na maioria das vezes, esse fator não é levado em consideração: a experiência do cliente.

No ponto final de qualquer ação, o impacto precisa ser significativo aos olhos do cliente. E isso precisa estar presente não apenas no marketing, como nas ações burocráticas, na ligação do vendedor, no sorriso da recepcionista etc. Ele precisa sentir que a experiência 360° dele é uma realidade em qualquer etapa do processo.

Por isso, preocupar-se antecipadamente apenas com investimentos, formato e resultados particulares pode não ser a melhor estratégia. O caminho ideal é pegar papel e caneta e montar um rascunho que compreenda exatamente os pontos de experiência positiva que você poderá gerar no público-alvo.

Você precisa responder às perguntas: qual é o meu público? Do que ele gosta? Como posso gerar um insight positivo nele por meio das redes sociais? Ao que mais ele se sentiria atraído para ver? É um cliente que valoriza o off-line? Traga reflexões sobre tudo isso antes de avançar. Muitas vezes, a maioria das ações de experiência com impacto não tem custo. Exemplos: uma ligação no aniversário ou uma mensagem são atitudes que ainda têm muito valor. Imagine então uma ligação B2C.

A realidade, por outro lado, é que, cada vez mais, o sensorial psicológico e físico está tomando conta do público nas marcas que mais têm valor na sua decisão de compra. Ou seja, a experiência que geramos no 360° ao redor do nosso cliente, desde o atendimento inicial, passando pela percepção de valor da marca nos cenários on-line e off-line, até a conversão de fato em uma compra ou negociação. Tudo isso está interligado! E o público quer se sentir abraçado e valorizado.

Mas como fazer isso? Pequenos gatilhos ativados ao longo do processo podem garantir uma conversão ou acelerar o processo de decisão com facilidade. Não é mais só preço, nem prazo, nem sorrisos. É um conjunto completo. Hoje, as empresas precisam da melhor tecnologia de check-out no e-commerce, com velocidade, segurança e comunicação. Uma loja física com atendimento cordial, PDV claro, ambiente com aroma específico, cores referentes ao produto... São tantos detalhes, né? E o pior: o seu concorrente está voando nesses aspectos! Mas calma. Respire. Tem mercado para todos, e o ideal é começar a rascunhar tudo o que você tem de possibilidade, o que vai impactar diretamente na experiência do seu cliente, para então dar os passos necessários. Poucas pessoas são fiéis às marcas a ponto de não trocarem por alguma com uma experiência mais interessante. Você pode virar esse jogo. Basta começar.

Outro ponto que percebo em minha experiência no mercado é que a principal preocupação de quem precisa gerar essa experiência única é a sensação de que o tempo está correndo e você não está fazendo nada. E como a grama do vizinho sempre é mais verde, a gente tende a ficar mais ansioso e nervoso com os próximos passos dos outros, sem olhar para dentro de casa. Mas lembre-se: o seu vizinho pode ter um excelente marketing, mas os resultados podem não ser tão bons assim.

Você se sente assim? Identificou-se com essas questões? Então é hora de começarmos a tomar nossas próprias ações, porque apenas querer não vai nos levar a lugar nenhum. *É preciso agir*. E a verdade é: o seu possível cliente não está batendo na sua porta. Sabe por quê? Porque você não está sendo visto! Muitas vezes, o mais conhecido fica mais rico que o melhor pelo simples fato de que as pessoas o conhecem, falam dele, o acompanham e se tornam seus clientes.

Você precisa ser interessante para o seu cliente, e a única forma de fazer isso é dar start nos passos que precisa assumir no marketing digital do seu negócio. A internet é um oceano azul de possibilidades, e encontrar quem nós precisamos para alavancar o nosso negócio é papel dos algoritmos e do seu time de marketing – e isso as máquinas já estão fazendo muito bem. Então o que precisa ser feito é começar um planejamento, contratar uma equipe ou uma agência, e exigir números e métricas que tenham fundamento com os objetivos do seu negócio *versus* os seus investimentos.

Mas eu entendo você! Você é traumatizado com o marketing digital, né? Já investiu um valor considerável e os resultados não vieram, ou então alguém prometeu a você que era extremamente simples, bastava apertar meia dúzia de botões que os *leads* começariam a cair no seu colo. Você acreditou, depositou confiança e, inclusive, ficou confortável e tirou um pouco o pé do acelerador? Pois é. Você passou por isso e também 90% do mercado.

A realidade, contudo, é que hoje qualquer um que faça um curso simples convence você – leigo no assunto – de que é um estrategista digital. Essa pessoa vai mostrar números que muitas vezes são fictícios, ou que aconteceram em 1% dos casos, mas são esses resultados que convencem você de que aquele é o melhor caminho. E lá se vão alguns milhares de reais em anúncios que não resultarão em nada.

Depois, geralmente acontece a troca do estrategista para uma agência, e aí as coisas são lentas, não andam na velocidade que você precisa. Aí você contrata alguém interno, mas sente que falta braço, planejamento, um olhar mais 360° que permita que essa pessoa crie algo maior. E, enquanto isso, os seus clientes continuam sem aparecer. Acontece, né? Confie em mim: a culpa não é sua.

Percebo que o que pode ter faltado é um olhar mais próximo a esse planejamento, e não entregar para os outros uma área que é primordial nos resultados. Um empreendedor que faz é o que se senta com cada área específica e metrifica os números. Nas áreas de gestão, pessoas, contábil, marketing, produção, logística... em todas elas! Precisam existir números estabelecidos, e o olhar de dono faz toda a diferença nesse acompanhamento.

Isso, mesclado a todas as análises de experiência do cliente – que vão levar os seus indicadores para cima –, permitirão a você entender melhor qual é o percurso que está fazendo e qual é o próximo passo. Você precisa sair do rascunho, entender os seus números, as suas probabilidades, e desenhar a rota que vai cobrar do seu time de marketing – seja ele interno ou de uma agência –, apresentando detalhes que façam sentido com a estratégia.

Por fim, é preciso encantar os seus clientes (ao longo do processo) do início ao fim. Parece muito difícil, mas, ao colocar no papel, é um fluxograma que não passa de oito passos. E, em todos eles, você pode propor uma experiência diferente para o cliente.

Então bora sair do rascunho e transformar a sua empresa em um exemplo real do que precisa ser feito?

(0)

Imagine que você tem uma marca de roupas e o fluxo na loja física é agradável, mas o grande objetivo é expandir o negócio para o on-line. De primeira, o que você precisa fazer? *Muitas coisas*! Cuidar da logística, definir meios de pagamento, entender o desenvolvimento da loja, fazer a foto dos produtos, a precificação on-line, checar o estoque separado para a loja, a integração com sistema e comunicar tudo nas redes sociais.

(1) EXPERIÊNCIA 1: TEMPO DE COMPRA

As tarefas parecem muitas, mas, quando conectadas, fazem sentido e todas elas permitem que o seu cliente tenha uma experiência interessante. Primeiro, vamos encontrar uma plataforma de loja on-line ou um desenvolvedor para colocar isso de pé. Ali, o seu cliente precisa conseguir fazer a compra da maneira mais rápida possível, sem grandes questionários ou impeditivos para simplesmente comprar o que deseja.

(2) EXPERIÊNCIA 2: VENDER ONDE O CLIENTE ESTÁ E QUER COMPRAR

Ah, ele não gosta de entrar no site e escolher, ele já conhece a marca e sabe o que quer, ou viu no Instagram e comentou a peça? Vamos mandar para ele um link de pagamento no WhatsApp ou pelo direct e depois solicitar os dados de entrega? Rápido, direto e simples.

(3) EXPERIÊNCIA 3: SURPREENDER COM A ENTREGA

Você promete pelo site a entrega em até quatro dias, que é o que os Correios colocaram para aquele CEP. Mas e se colocarmos que é em até seis dias e entregarmos em quatro?

(4) EXPERIÊNCIA 4: INTERAÇÃO, PROMOÇÃO E RECOMPRA. VALORIZA A MARCA E O CLIENTE

E nada mais justo do que um brinde pequeno, um vale-compra para uma próxima aquisição na loja, certo? Basta um post marcando o @ da loja, que os 10% vêm junto.

(5) EXPERIÊNCIA 5: SENSORIAL E DE MEMÓRIA DE MARCA

O melhor: a caixinha estava com um papel perfumado envolvendo a roupa, que vai remeter sempre à marca. Até porque o papel estava impresso com a marca em todo o seu conteúdo.

(6) EXPERIÊNCIA 6: VOCÊ SE IMPORTA COM O QUE ELE ACHOU

Por fim, uma mensagem pessoal questionando o que achou do produto e se colocando à disposição para qualquer detalhe ou nova compra.

(7) EXPERIÊNCIA 7: "POXA, ELE ME CONHECE TÃO BEM"

Depois, é só registrar em um CRM ou outra ferramenta o que o cliente comprou e o estilo de que ele mais gosta para sempre estar propondo novidades similares quando elas chegarem.

Em poucos passos, fazendo o "básico", conquistamos, fidelizamos e geramos engajamento nas redes sociais de maneira gratuita. Percebe como é simples de ser feito?

Tenho muitos exemplos de empresas que fizeram isso e tiveram resultados extraordinários! São empresas que estão dispostas a demonstrar carinho e interesse pelos seus clientes no mundo digital em que vivemos. Elas sempre vão gerar novas oportunidades on-line pelas múltiplas frentes de atuação e nada gera mais interesse do que comentários positivos, depoimentos sobre negócios, e a relação ser a mais humanizada possível entre marca e pessoa.

Mesmo no universo B2B, é possível realizar ações que tenham um potencial grande de métricas positivas. Afinal de contas, atrás do B de *business* sempre terá o C de *consumer*.

Pessoas gerem empresas. E pessoas estão cada vez mais carentes e necessitadas de relações verdadeiras, que demonstram impacto positivo de alguma maneira nos mais variados âmbitos que o marketing consegue atingir. Sensorial, sustentável, educador, que traga vivências do passado e do presente, promova ações futuras, crie relacionamentos duradouros e contratos no formato ganha-ganha.

As relações não são exclusivamente financeiras, e a busca por experiências que façam as ações das marcas ganharem *buzz* são prioridade entre as principais pesquisas de objetivos de empresas com marketing no último ano. Hoje, todas as nossas ações com clientes são pautadas na experiência que vai ser gerada ao consumidor final, e depois nós analisamos as ferramentas utilizadas, os investimentos feitos e a frequência de postagens ou conteúdos. O mais importante é entender: o que queremos gerar no público e qual é o retorno previsto disso no fim da linha?

A grande verdade é: a internet domina todo o mercado e a atenção de bilhões de pessoas ao redor do mundo. Você precisa estar on-line. Sabe quando as pessoas distribuíam cartões de visita em feiras, vinte anos atrás? Pois é... Hoje, você precisa rapidamente ler o *lead* quando passar por ele, já entrar em contato em poucos minutos e fornecer uma experiência melhor, senão, alguém fará isso antes de você. Eu sei, eu sei... é um mundo de muita velocidade, brigas por preço, batalhas por atenção, segundos sendo disputados em um vídeo até a pessoa deslizar o dedo e ir para o próximo.

Assim, a sua marca precisa ser a mais lembrada pelo que ela causou ao cliente, e não especificamente pelo produto que você fornece. Você precisa cercar a pessoa que o escolheu para divulgar e indicar, e pode fazer isso por meio das mais variadas formas, para que conquiste novos públicos, seguidores, engajadores e promotores da marca que façam propaganda "gratuita" para você por meio das experiências geradas e aprovadas.

Não desista, esse universo de usuários é enorme e sempre vai ter alguém querendo ser o promotor da sua marca. Basta você encontrar um time de qualidade e competência, com métricas fundamentadas em históricos de dados e que busque o melhor planejamento possível para tornar tudo isso realidade. E comece com uma simples ação: saia do rascunho.

Saindo do rascunho, você terá a possibilidade de expandir os seus horizontes. Fazendo isso, você encontrará novas maneiras de gerar experiências positivas. Mas sabe qual é o ponto-chave disso tudo? A sua empresa não será apenas mais uma fornecedora de produtos ou geradora de renda, e você não vai mais ganhar apenas dinheiro. Você ganhará fãs. Pessoas que são apaixonadas pelo seu processo, pela sua marca. Pessoas que vão falar de você com tanto orgulho, daquilo que você construiu, que vão servir como motivação todos os dias para gerar um novo movimento de felicidade nos seus clientes que, por sua vez, vai permitir que você cresça ainda mais, gere mais empregos, engaje um público não-usuário em ser o seu novo cliente e parceiro. E mais do que tudo isso: vai tornar você uma máquina de realização pessoal. Sua, e dos seus. E não existe experiência mais especial do que essa: realizar os sonhos de todos à sua volta. Inclusive o seu.

13.

GESTÃO PARA PESSOAS:

MUITO ALÉM DAS DECISÕES ESTRATÉGICAS

G erente executiva e coordenadora de comunicação do Sindilojas Caxias, possui graduação em Comunicação Social – habilitação em Jornalismo e pós-graduação em Gestão Estratégica de Pessoas, Pedagogia Empresarial, Administração de Empresas e Docência no Ensino Superior. Também é graduanda no curso de Relações Públicas com ênfase em Comunicação Organizacional pela Universidade de Caxias do Sul (UCS).

Lisandra De Bona

@lisadebonajornalista
@lisadebona
in Lisandra De Bona
f Lisandra De Bona

© Igor Azevedo

Você se comunica bem? Acredita que a sua comunicação é clara, assertiva e de fácil entendimento? Em relação ao ambiente profissional, se sente ouvido ao falar? Sente que as suas ideias têm impacto positivo no negócio? Quero que reflita sobre esses pontos.

Em minha área de atuação, e com empreendedores e gestores, vejo que desafios podem surgir quando lidamos com diferentes opiniões e entendimentos, incluindo os diferentes *stakeholders* ou públicos impactados por determinado trabalho ou projeto. Dependendo de como conduzimos a comunicação e fazemos essa gestão, as diferentes manifestações podem afetar de alguma maneira o que estamos executando.

Já em uma entidade de classe, por exemplo, como o Sindilojas Caxias do Sul, essa organização pertence a todos. Há uma diretoria eleita, mas não é somente ela que apresenta opiniões sobre os assuntos relacionados ao que é necessário desenvolver. Como executiva e coordenadora de comunicação, preciso trabalhar com associados, com representados (são cerca de 10 mil empresários), com a equipe, com os departamentos (são seis, formados por empreendedores) e com a diretoria, além de acompanhar o que o público externo manifesta.

Assim, em cada tomada de decisão, temos vários públicos que emitem opiniões ou trazem sugestões. Um exemplo muito claro de como essa lógica ocorre na prática é quando fechamos a Convenção Coletiva de Trabalho (CCT). Ali, temos vários olhares: do associado, dos representados (empresários), da diretoria, da equipe e dos membros de departamento. Então é necessário trabalhar com essa realidade, buscando equilíbrio e bem-estar para todos, ouvindo sem julgamentos e, de maneira respeitosa, levando em conta todos os aspectos e interesses envolvidos, compreendendo que se trata de pessoas, cada uma com as características, experiências e conhecimentos próprios.

É necessário alcançar uma decisão conjunta sempre que houver opiniões diferentes e fazer com que todas as pessoas se sintam acolhidas e satisfeitas com aquilo que ficou decidido, ainda que nem sempre haja unanimidade. E isso faz parte em qualquer situação, em qualquer projeto, em qualquer negócio. A busca pela excelência e por resultados deve ser sempre levando em conta a meta dos 100% ou próximo disso, com o intuito de fortalecer o trabalho.

Ao mesmo tempo em que se conduz todo o desenvolvimento de um processo para a melhor solução, é importante que as pessoas percebam que a busca é pelo melhor caminho, e para isso a comunicação adequada e com empatia é fundamental. É a humanização da fala para ser compreendida pelo entorno e transmitir a mensagem.

Em resumo, é preciso chegar ao melhor resultado possível e fazer com que as pessoas envolvidas se sintam confiantes. Assim, pode-se vencer cada jornada de maneira mais rápida e eficiente, com a participação de todos, definindo novos planejamentos e as próximas ações da gestão. Ou seja, ter o foco na solução, levando em conta as opiniões, com menor incidência de ruídos e interferências possível.

A realidade, entretanto, é que, seja no trabalho de gestão ou na vida pessoal, as pessoas acabam não encontrando verdade no que fazem. Ou acabam desistindo porque o outro falou, porque "para o outro não está bom". Quando paramos para levar em conta ruídos ou entendimentos que não têm a ver com o trabalho e com o que é importante, também desperdiçamos tempo e energia que poderiam ser empregados em outras soluções.

Tem uma reflexão que gosto muito de fazer e mencionar que se enquadra perfeitamente aqui: não permita que alguém pilote o seu aviãozinho. Seja dono de si mesmo e tenha certeza daquilo que está fazendo para que o resultado buscado seja sempre para o coletivo, seja para ajudar todas as pessoas.

No meu caso, a minha busca sempre é com um olhar muito mais humanizado, a fim de que seja possível chegar ao maior número de pessoas. Sei que não vamos agradar a todos, mas é preciso dar o melhor e fazer de coração. A entrega, quando feita com amor, não tem como dar errado.

Vejo, contudo, que as pessoas acabam desistindo de sonhos e de suas atividades porque se detêm muito na opinião do outro, e o outro tem esse poder de influência sobre nós quando não temos convicção do que queremos buscar, daquilo que queremos entregar como resultado. Precisamos ter esse equilíbrio emocional também para ter certeza do que vamos entregar e do que queremos para a vida. Para algumas pessoas, em grande parte, esse equilíbrio é calcado no conhecimento técnico, na experiência, mas é também necessária a habilidade emocional para administrar situações e conflitos e passar por eles de modo positivo. É sobre educação, sobre relacionamento interpessoal, sobre estar bem consigo. É também sobre ser resiliente, saber ouvir.

E é preciso filtrar, dosar o que você recebe externamente, absorver o que é bom e deletar o que não é. Passamos ciclos vivendo o que a sociedade impõe, e isso faz com que não coloquemos os sonhos em prática por receio dos outros, e não com base no que acreditamos. Então é fundamental acreditar em si mesmo e não se deixar influenciar.

Desse modo, o primeiro ponto é ouvir todas as pessoas que são partes envolvidas, em um processo de comunicação eficiente, definindo o que é relevante, focando os resultados e gerando a certeza de que se buscou o melhor possível.

É preciso ouvir com interesse o que os demais envolvidos no trabalho têm a dizer e como podem contribuir, de forma humanizada e respeitosa, em uma comunicação assertiva para que se sintam parte do processo e para que confiem no desenvolvimento da solução, mesmo que a sugestão dada não seja a escolhida. Saber que esse filtro é importante e faz parte de qualquer trabalho, ou mesmo de situações pessoais, é importante para manter o foco e para gerar os resultados esperados. A comunicação humanizada é o grande instrumento de gestão de pessoas na busca por resultados e por sucesso no que se está realizando.

Sendo assim, preparei um passo a passo que você pode começar a aplicar agora mesmo e para que possa desenvolver essa comunicação assertiva em sua jornada.

(1)

O primeiro passo é saber ouvir, usar a empatia, entender, ser respeitoso, ouvir antes de falar, não fazer julgamentos e ser gentil, mas especialmente ter humildade para perguntar como é possível fazer melhor do que antes. Criar um processo de comunicação que seja humanizado, como ouvinte atento, sempre observando também a comunicação não verbal – o que não foi manifestado em palavras – e o contexto daquela informação.

(2)

Quando precisarmos fazer essa devolutiva, dar o feedback, ou ainda comunicar algo importante, é necessário que seja sempre de maneira clara, objetiva, respeitosa e tranquila, usando as palavras adequadas, com humildade e com olho no olho.

Como gestora de comunicação, sou responsável por transmitir a mensagem ao outro, mas não tenho controle sobre o que a pessoa vai entender. Então devemos sempre passar a mensagem de maneira verdadeira, levando em consideração os sentimentos do ouvinte, assim como os nossos próprios. Em resumo, é fundamental adotar sempre a transparência como alicerce dessa comunicação.

Utilizando essas estratégias, será possível diminuir possíveis conflitos de ideias, aumentar relacionamentos e networking e manifestar ao outro uma imagem mais positiva. É possível perceber, portanto, que é um conjunto de atitudes a serem levadas em consideração para maior fluidez da comunicação, para que o nosso interlocutor também se mantenha receptivo à mensagem que se pretende comunicar e para que ele se sinta estimulado a se expressar da mesma forma.

Aqui, podemos entender a comunicação como uma habilidade de expressar as emoções, emitir uma opinião, por mais difícil que seja naquele momento, sem ser rude e sem abrir mão do cuidado e da atenção com o outro.

Sempre coloquei isso em prática e um dos momentos mais decisivos e delicados, em se tratando de comunicação com os públicos com os quais nos relacionamos no Sindilojas em Caxias do Sul, foi o da pandemia de Covid-19, assim como ocorreu em muitos outros setores de nossa economia.

Além da própria situação difícil vivida pelo mundo, era preciso comunicar uma decisão nunca antes enfrentada: o fechamento dos estabelecimentos, em atendimento às regras sanitárias e governamentais, determinadas para se evitar a propagação do vírus. Essa decisão e a adoção de uma série de regramentos para aquele período provocaram grandes impactos, mas era preciso ter uma comunicação assertiva e, ao mesmo tempo, de compreensão e de se colocar no lugar do outro.

Por meio de conversa, de escutas, de uma comunicação clara e atuando diretamente com os associados e representados, chegou-se ao entendimento de que era preciso atender o solicitado pelas autoridades, independentemente de convicções acerca da pandemia e de como se deveria lidar com o problema. Esse foi o momento de maior desafio na gestão da comunicação, mas também de grande contribuição pela solução que, como equipe, tivemos a oportunidade de apresentar para quem tinha perguntas e ansiava por respostas.

Foi uma oportunidade única para fazer um trabalho de serviço humanitário por meio da comunicação em um momento em que a informação rápida, imprescindível e assertiva era a moeda mais preciosa. Guardo em meu coração a gratidão por termos, juntos, enfrentado esse momento sem precedentes com uma postura profissional e humana, centrada nas pessoas. Mesmo estando dilacerada por dentro pelo falecimento do meu pai pela Covid-19, cinco meses depois do início da pandemia.

E levar isso adiante é importante porque essa comunicação, sendo assertiva, equilibrada e verdadeira, contribuirá em vários aspectos relacionados aos negócios e aos relacionamentos interpessoais, sejam profissionais ou familiares.

Desse modo, é preciso saber escolher as palavras de maneira adequada e evitar dizer o que não queremos em momentos de raiva ou estresse. Essas são duas iniciativas que contribuem para a comunicação e para se alcançar o desfecho desejado.

Augusto Cury, psiquiatra, professor e autor best-seller, diz que: "Só o silêncio pode conter a sabedoria quando a vida está em risco. Nos primeiros trinta segundos de tensão, cometemos os maiores erros de nossas vidas, ferimos quem amamos".[1] Ou seja, manter a inteligência emocional estabilizada para enfrentar os vieses da vida é o primeiro passo para decisões mais assertivas.

Ao internalizar uma situação e colocar em prática um distanciamento saudável e racional, o quadro antes caótico se torna claro e passível de resolução. É preciso manter a quietude na mente e no coração para que a racionalidade tenha oportunidade de atuar. Quando o coração está em paz, o cérebro realmente cumpre o seu papel de buscar a solução para conflitos e problemas, analisando fatos e oportunidades que podem tornar não só a sua vida melhor e mais proveitosa, como a vida de quem está ao seu redor. Tenha convicção do que acredita e use a flexibilidade para se adaptar aos imprevistos.

Por fim, quero fechar este capítulo pedindo que você se lembre de que não é o responsável pelo que o outro entende quando você fala ou escreve. Porém, deve aprender a se comunicar com sentimento, com verdade e com transparência. E, acima de tudo, com respeito.

1   CURY, A. **A ditadura da beleza e a revolução das mulheres**. Rio de Janeiro: Sextante, 2005. p. 81.

14.

O SUCESSO EXIGE ESTRATÉGIA E DADOS

#marketing #estratégia #dados

T atiana Hauschild é empresária, administradora e pós-graduada pela Fundação Getulio Vargas (FGV) em Marketing e Mídias Digitais. Aluna de Philip Kotler, atua na área de marketing e tecnologia há sete anos e cofundou, com Nathã Giuseppe Longhi, a Ellox Inteligência Digital, uma empresa de soluções digitais que atende empresas no Brasil e no exterior.

Nathã Giuseppe Longhi iniciou sua carreira na tecnologia em 2005, e desde então atua nas áreas de infraestrutura e programação. Há sete anos expandiu a sua atuação, direcionando o conhecimento em tecnologia para potencializar negócios por meio do marketing. Hoje, trabalha diretamente na criação de estratégias digitais na Ellox Inteligência Digital.

Tatiana Hauschild e Nathã Giuseppe Longhi

@elloxdigital   in Ellox Inteligência Digital
@tatihauschild   in Tatiana Hauschild
@nathalonghi   in Nathã G. Longhi

© Diego Frigo

Provavelmente, você já ouviu ou leu que precisa estar presente constantemente nas redes sociais para vender e deu a isso o nome de marketing. Correto? A realidade, entretanto, é que o excesso de informações e a facilidade de acesso a elas podem deixar qualquer um perdido. E na tentativa de seguir o que é dito como regra, esperando que isso vire a chave do seu negócio, o caminho pode não ser bem como você imaginou, uma vez que marketing é, de fato, um conjunto muito mais amplo de atividades e processos aliados a uma estratégia.

Assim, enquanto alguns se veem tentando seguir as regras estabelecidas na esperança de transformar seus negócios, outros enfrentam a sobrecarga de tarefas operacionais enquanto buscam resultados efetivos. Seja lidando diretamente com as estratégias de marketing ou delegando essa responsabilidade, persiste a dificuldade em alcançar os resultados desejados. Mesmo para aqueles que conseguem estruturar processos e equipes de marketing e vendas, a integração eficiente pode se tornar um desafio, escalando o problema na mesma proporção do crescimento do negócio.

Não há dúvida de que, ao se deparar com uma situação assim, seu sentimento seria de insatisfação. Afinal, você faz tudo o que dizem que é preciso, mas não enxerga os resultados. Viu diversos especialistas afirmando que qualquer um chegaria a um faturamento milionário aplicando uma fórmula mágica, que é simples, rápida e fácil. Mas então, afinal, por que o seu resultado não chega?

Quando você decide investir no marketing da sua empresa, é normal ficar empolgado e tentar aplicar tudo o que aprendeu. Você pode notar alguma mudança, mas a dúvida permanece: o que realmente fez a diferença? Será que seus esforços estão no caminho certo? A verdade é que as coisas não são tão simples e instantâneas como muitas vezes nos fazem acreditar.

Compreendemos o quanto pode ser frustrante investir tempo e dinheiro e não ver os resultados esperados se concretizarem. Ademais, é uma dor que vai muito além do financeiro: é a perda de oportunidades reais, é a sensação de estagnação.

Então vamos usar de exemplo uma loja de confecções, que já possui uma base de clientes e relevância na sua cidade, mas sente que pode crescer mais e decide usar a internet para isso.

O proprietário resolve inaugurar uma loja virtual e intensificar a sua presença nas redes sociais, e, ao fazer isso, percebe variação nos seus resultados sem saber, porém, efetivamente o que gerou essa mudança. Foi o fato de estar mais presente nas redes? Ou então uma campanha específica de anúncio patrocinado? Ou ainda a razão seria estar fazendo algo diferente? Nessa situação, faltam recursos que deixem claro o caminho a ser seguido para alcançar resultados constantes, e assim esse empreendedor se torna refém da tentativa e do erro, sem o conhecimento necessário para onde direcionar o seu esforço de maneira efetiva.

Baseado em promessas e fórmulas prontas, o proprietário acredita que a loja virtual venderá sem depender de muito esforço ou investimento, mas logo se depara com a amarga frustração de que o seu negócio não está decolando como o esperado. Começa a buscar os culpados para esse sentimento: talvez a plataforma não funcione como deveria ou talvez as postagens não estejam boas o suficiente. Os pensamentos afloram, mas é impossível escapar da realidade. Ainda que tenha seguido à risca os conselhos que recebeu, que tenha investido em imagens de alta qualidade, talentosos designers, cadastros minuciosos e produtos de qualidade inquestionável, a loja parece não ter o impulso esperado.

Em meio a essa busca por respostas, o empreendedor se desgasta em inúmeras tentativas para contornar a situação. Algumas dão certo, porém a maioria não reflete o resultado desejado e, assim, insatisfeito, ele passa a acreditar que o processo não funciona.

Às vezes, ele não deu tempo suficiente para que as estratégias dessem frutos; em outras, as ações tomadas não estavam alinhadas ao objetivo e as metas que ele perseguia. Porém, a falta de planejamento, de controle e de estratégia faz com que seja impossível enxergar isso com nitidez.

Talvez você tenha se identificado com essas situações, e se esse for o seu caso compreendemos que se sinta perdido e decepcionado. Afinal, na busca pelo sucesso você foi bombardeado por um excesso de informações contraditórias, incompletas, sem contexto e que, por vezes, não passavam de promessas. A falta de uma orientação clara e de uma estratégia que leva em consideração as nuances da realidade vivida fazem com que seja cansativo e complexo encontrar o caminho certo.

Além disso, a pressão constante para obter resultados rápidos em um ambiente em constante mudança é um fator que desafia a nossa paciência. Vivemos em uma cultura de soluções imediatas e simplistas e, até sem querer, somos influenciados por ela. O imediatismo nos traz uma percepção equivocada de que tudo é para ontem, incluindo nossos resultados. Dessa forma, tendemos a acreditar que processos e etapas não são importantes e, se o êxito não é instantâneo, nos decepcionamos.

Veja, então, que é preciso ter clareza do que quer alcançar e traçar uma estratégia efetiva e abrangente, baseada em dados, para efetivamente ter resultados sólidos no seu trabalho de marketing. É crucial entender que ferramentas como Instagram, Facebook, TikTok, e-mail, WhatsApp, sites e outros são apenas instrumentos que se inserem em uma estratégia global. De maneira isolada, essas ferramentas dificilmente transformarão o cenário de um negócio, e é provável que fórmulas prontas só afastem você do caminho que de fato precisa ser construído.

O segredo reside em uma estratégia que seja cuidadosamente concebida em torno de objetivos específicos, que considerem a realidade da sua empresa. Além do mais, análise de dados é uma peça central nesse quebra-cabeça, servindo de bússola para guiar os esforços corretamente. Assim, a estratégia se torna um guia que leva a empresa em direção ao sucesso no cenário complexo do marketing.

Para que possa, portanto, tirar os seus resultados do rascunho com o marketing, vamos ao passo a passo que preparamos.

1. DEFINIR METAS CLARAS E MENSURÁVEIS

O primeiro passo para transformar os seus resultados de marketing é estabelecer metas claras e mensuráveis. Isso significa que você precisa definir com precisão o que deseja alcançar e qual é o prazo para isso. Sua meta, por exemplo, pode ser aumentar as vendas em 10% nos próximos seis meses. Ter metas claras e mensuráveis proporciona uma direção sólida e permite que você avalie o progresso de maneira tangível.

2. ESTABELECER OS INDICADORES DE SUCESSO

Uma vez definida a meta, é hora de estabelecer os indicadores de sucesso que o ajudarão a medir o progresso em direção a ela. Eles precisam estar diretamente ligados ao propósito das suas ações e são compostos do cruzamento de uma ou mais métricas de acompanhamento. No caso do exemplo anterior, poderíamos definir a taxa de conversão de visitantes do site em clientes como um indicador de performance, calculando a proporção de vendas geradas para o número de visitas no período. Esses indicadores fornecerão parâmetros concretos para avaliar se você está no caminho certo.

3. TRAÇAR UM PLANO DE AÇÕES

Agora que você tem clareza de onde quer chegar, é hora de traçar o caminho a percorrer. Esse plano deve detalhar as ações que você usará para atingir o seu objetivo. Avalie quais canais de marketing serão mais eficazes, levando em consideração todo o conhecimento que você tem sobre o seu público. Além disso, defina um cronograma para a implementação de suas ações e aloque recursos adequados para executar o plano com eficiência.

4. EXECUTAR E ACOMPANHAR OS RESULTADOS

Com o plano em mãos, é hora de colocá-lo em prática. Execute as ações conforme o planejado e, ao mesmo tempo, acompanhe de perto os resultados por meio dos indicadores definidos.

5. AJUSTAR A ROTA

Nem sempre o caminho planejado é perfeito. É essencial estar aberto a ajustes conforme você acompanha os resultados. Se perceber que as coisas não estão indo como planejado, não hesite em ajustar a estratégia. Isso pode envolver otimização de táticas, realocação de recursos ou até mesmo revisão de metas e do próprio objetivo específico. A flexibilidade é fundamental para garantir que você está caminhando na direção certa. Além disso, tenha em mente que resultados são construídos com constância e paciência.

Como muitos métodos de sucesso, o nosso também evoluiu através da experiência prática. Dedicamos longas horas à execução, em busca de resultados que frequentemente não atendiam às nossas expectativas. No entanto, sabíamos que poderíamos alcançar conquistas maiores; tudo de que precisávamos era ajustar o nosso processo.

Observar clientes chegando até nós, desorientados e desmotivados por não conseguirem alcançar os seus objetivos, nos fez perceber que a verdadeira transformação não estava apenas na execução, mas sim na estratégia idealizada. Então decidimos aprofundar a nossa abordagem, conectando os pontos por meio de dados e priorizando a compreensão do cenário único de cada empresa. Passamos a explorar os desafios e compreender o comportamento deles em um contexto mais amplo. Essa perspectiva nos possibilitou enxergar além da mera execução.

A cada análise, refinávamos o processo, identificando os pontos que demandavam ajustes. Gradualmente, começamos a ver resultados verdadeiramente impactantes. Um cliente, por exemplo, relatou que, com a conquista de um único contrato, obteve recursos suficientes para investir em suas estratégias de marketing por quase uma década. Outra empresa conseguiu realizar a transição de um modelo de negócio completamente dependente do proprietário para um ecossistema dinâmico, impulsionado por uma equipe de vendedores.

Nesse processo de aprendizado contínuo, compreendemos que não é possível criar atalhos em busca de resultados rápidos e que, definitivamente, nenhuma ferramenta é tão eficaz quanto uma estratégia bem planejada. Cada etapa, ajuste e recalibração nos trouxe mais perto de nossa visão de sucesso duradouro.

Assim, todo negócio próspero requer visão e planejamento a longo prazo. Quando direcionamos todos os nossos esforços em busca de conquistas instantâneas, corremos o risco de negligenciar a oportunidade de construir uma base sólida para o crescimento contínuo e sustentável. A aplicação de uma estratégia, concebida com dedicação para a sua realidade única, é uma oportunidade real de fazer mudanças positivas que impactarão a vida do seu negócio.

Olhe para a história que construiu até aqui. É provável que as suas conquistas tenham sido alcançadas graças à sua habilidade de criar pacientemente uma estrutura que sustentou o caminho para o seu desenvolvimento. E é exatamente a construção da jornada para sair do rascunho que lhe conduzirá a resultados consistentes no futuro.

Além disso, tenha em mente que, na maioria das vezes, o sucesso não é uma linha reta em direção ao topo. Inevitavelmente existirão desafios, momentos de incerteza e, ocasionalmente, até mesmo fracassos ao longo dessa jornada. Entretanto, a escolha de superar essas experiências, uma de cada vez, é o que lhe aproxima, pouco a pouco, do seu objetivo maior.

O sucesso nos negócios, assim como na vida, não é uma corrida, mas uma jornada. E, pelo caminho, você tem o poder de transformar desafios em oportunidades. Essa é a chance de criar uma base sólida para resultados duradouros. Trace a rota, aprenda com cada experiência, ajuste o curso quando necessário e mantenha o foco firme nos resultados que deseja alcançar.

Lembre-se de que o sucesso é uma questão de persistência e dedicação. Ele está à sua espera, e você está no caminho certo para alcançá-lo.

15.

PARA UMA SUCESSÃO DE SUCESSO

Formada em Arquitetura e Urbanismo, desde 2004 participa da criação e do design de produtos (eletrodomésticos) na Venax. Tem MBA em Gestão Empresarial (UNISC e FGV), MBA em Liderança da FranklinCovey, além de diversos cursos de Desenvolvimento Pessoal (Dale Carnegie, Eneagrama e outros).

Presidiu o comitê do PGQP em Venâncio Aires, foi presidente da CACIVA por duas gestões e participou de diversos grupos empresariais no Rio Grande do Sul. Em sua jornada, conta com mais de cinquenta palestras no estado sobre gestão empresarial. Atualmente, é diretora-executiva da Venax Eletrodomésticos Ltda e da Balcão de Eletros.

Fabiana Bergamaschi

@fabi.bergamaschi

© Igor Azevedo

Você já parou para pensar que é muito comum que o patrimônio e o sustento de inúmeras famílias brasileiras venha de uma empresa familiar? Segundo dados do Instituto Brasileiro de Geografia e Estatística (IBGE), cerca de 90% das empresas brasileiras são familiares e empregam por volta de 75% da mão de obra no país.[1] E se estamos falando de famílias cuidando de negócios, chega um momento em que não há como correr do destino: a sucessão.

Há mais de vinte anos atuo em uma empresa familiar, uma indústria de médio porte com aproximadamente quinhentos funcionários. E, nesse ambiente, percebo muitas dificuldades no planejamento sucessório. No meu caso, tive muitos desafios na transição. Um deles foi a falta de gestão da empresa e o despreparo dos sucessores.

A verdade é que é difícil preparar-se para ter uma visão sistêmica da empresa e utilizar as ferramentas corretas para cada setor. Diante disso, para o sucessor, é complexo entender cada etapa do fluxo do negócio sem um bom planejamento para que se possa conhecer o funcionamento como um todo.

Você passou por isso? Ou conhece alguém que já passou?

Neste capítulo, quero falar sobre a adaptação cultural da transição de liderança. E isso é urgente porque precisamos profissionalizar os processos de gestão da empresa familiar, assim como profissionalizar toda a estrutura empresarial, avaliando as verdadeiras competências necessárias para suceder a empresa. Com as ferramentas certas, acredite, é possível desenvolver métodos para fazer a evolução constante dos processos e manter a excelência nas entregas dos produtos e serviços. Esse é o diferencial que o cliente sente ao procurar a marca da empresa. A prática de tarefas bem-feitas e com foco no resultado deve ser o norteador de todos os negócios. E quando o assunto é sucessão, não poderia ser diferente.

Embora o fundador conheça todas as evoluções dos setores da empresa pela vivência ao longo do tempo, o sucessor tem dificuldades de visualizar esse sistema. No meu caso, arquiteta e sem conhecimento nenhum em gestão, buscar conhecimento foi importante, mas o primordial mesmo foi passar por todos os setores para primeiramente conhecer, e, depois, aplicar as práticas de gestão.

Claro, veja que não estou falando que é fácil e prático fazer isso, pois sei que não é. É um caminho a ser percorrido. Além disso, temos um desafio

1   PAIS e filhos: os desafios e valores entre gerações de empreendedores. **SEBRAE**, 27 set. 2021. Disponível em: https://sebrae.com.br/sites/PortalSebrae/ufs/ms/artigos/pais-e-filhos-os-desafios-e-valores-entre-geracoes-de-empreendedores,f646cf80c782c710V gnVCM100000d701210aRCRD. Acesso em: 31 out. 2023.

no meio do caminho: as pessoas. E é então que começa outra etapa para o sucessor, que é a necessidade da mudança da cultura organizacional.

Sabe aquela ideia de que "foi sempre assim"? Pois é! Mudar essa mentalidade é muito complicado, e a referência de liderança que as equipes têm com o fundador – e não com o sucessor – pode gerar conflitos de interesse para toda a família. O sucessor, então, deve perceber que precisa desenvolver a sua liderança para conquistar as equipes de trabalho e ter êxito nos resultados diante das atividades. Mas será que esse sucessor sabe exercer a função de liderança? Muitas vezes, não. Por esse motivo, faz-se necessário investir em conhecimento, cursos e/ou formações para tais profissionais estarem preparados para assumir a frente da empresa.

A realidade é que, em muitas ocasiões, a pessoa já entra na empresa com descrédito de estar ali porque é sucessor da família, filho do dono. E para quem está nessa posição, a insegurança e o medo podem imperar. É um sentimento que leva a duas opções: desistir ou lutar. Nem sei quantas vezes chorei por sentir o descrédito das pessoas, mas, nesses momentos, a vontade de provar que eu era capaz tomava conta de mim.

Eu acreditava no que estava fazendo e é claro que errei muitas vezes, porém, sempre com muita humildade, reconheci e refiz o plano, e assim fui ganhando confiança em mim mesma. A sucessão pode gerar a necessidade de provação e ansiedade, e, como consequência, tirei o meu próprio mérito e o entreguei para outras pessoas em alguns momentos. Ali, o que importava era que desse certo. Fazer com que as pessoas entendam que você está ali para somar é muito difícil. Até pensei em desistir, contudo sempre tinha alguém da equipe que me acolhia com uma flor, um cartão ou uma palavra de encorajamento. Quando finalmente entendi que a minha motivação vinha dos liderados, tudo mudou. Percebi que eles acreditavam em mim, e por isso eu precisava ser forte! E até hoje funciona assim.

Se você está vivendo um processo de sucessão, pare e reflita: você sabe quem é importante para você? Quem está ao seu lado, segurando a sua mão e ajudando quando necessário? Entender para quem você é importante gera a superação de que você tanto precisa. Foque isso!

Se formos analisar, fica claro que não existe um processo definido para que a sucessão dê certo. Cada empresa é única, e profissionalizar a administração e a gestão da empresa requer muita dedicação. Paralelamente a tudo isso, a falta de planejamento e de visão de futuro faz com que ninguém esteja preparado para essa transição. O perfil do sucessor deve conter as competências para assumir, com cultura e valores familiares, a liderança. E isso deve ser natural.

Outro ponto que percebo muito latente nesse processo é a preparação emocional para que a transição flua de modo tranquilo entre fundador, gestores e sucessor. O ego precisa ser deixado de lado e é necessário pensar na saúde do negócio, unindo as visões do atual gestor com as do sucessor para não criar momentos de disputa.

Em geral, analiso também que, por estar à frente do negócio atual, o administrador centraliza as informações para a tomada de decisão, e isso acaba deixando o sucessor sem acesso ao que é fundamental. Por ser mais jovem, na maior parte dos casos, esse processo fica ainda mais difícil ao lidar com o descrédito por ser iniciante. Esse sucessor tem dificuldades de ser aceito e respeitado pelos liderados.

Sendo assim, para que você esteja mais preparado para essa etapa tão fundamental dos negócios familiares, quero explicar sobre como o processo de sucessão pode ser mais leve e estruturado, levando em direção aos resultados e ao sucesso. Você pode – e deve – inserir-se na empresa, apresentar inovações e formar a própria equipe. Mas como fazer isso?

A liderança deve ser formada com a visão sistêmica da empresa, iniciando-se pelo autodesenvolvimento, pela aquisição de conhecimento e pelo ato de gostar de pessoas. Assim, alinhar as estratégias e os planos, apresentando a visão da empresa, é fundamental.

O gestor deve conhecer as necessidades dos clientes e de seu mercado, cercar-se de informações verdadeiras para a tomada de decisão e ter consciência de que convive em sociedade. Ele deve ter em mente que uma empresa impacta outras pessoas, o meio ambiente e a sociedade, então deve proteger e assegurar o patrimônio intelectual gerado, desenvolvendo constantemente as pessoas da equipe e motivando todas para que deem o seu melhor ao dominar ao máximo os fluxos e os processos.

Com essas medidas, será possível que toda a cadeia faça as suas entregas de modo eficiente, gerando indicadores de desempenho que possam gerenciar e monitorar se o que foi aplicado está surtindo o resultado esperado. A solução é se envolver em todo o sistema da empresa, trazendo propriedade para a tomada de decisões com a equipe.

Assim, veja passo a passo que me ajudou durante o meu processo de sucessão e que elaborei a partir da minha experiência com as ferramentas e orientações certas. Vamos lá!

PASSO 1

Sendo sucessor ou gestor, é imprescindível desenvolver outros líderes para a equipe dentro de todo o contexto. Dentro da cultura e dos valores organizacionais, é fundamental formar perfis de profissionais que realmente estão alinhados ao pensamento de liderança e oportunizar a essas pessoas o máximo de conhecimento e o acesso aos métodos que elas utilizarão para se desenvolver.

Todos temos pontos fortes e fracos, então por que não desbravar talentos com habilidades que são os seus pontos fracos para suprir as lacunas profissionais? Forme uma liderança complementar!

PASSO 2

O desenvolvimento pessoal constante fica muito mais fácil quando é acompanhado de pessoas que inspiram. Então escolha dois ou três profissionais de sucesso e observe a trajetória deles. Veja como agem no dia a dia e utilize isso como exemplo. No meu caso, há cerca de vinte anos, praticamente não existiam líderes femininas e tive que trilhar caminhos difíceis e superar preconceitos para estar no meu atual momento profissional. Minhas inspirações e exemplos eram masculinos, o que me trazia conflitos com a minha essência. Então, fui me forjando sozinha entre os espelhos que tinha. Você pode fazer diferente! Olhe ao seu redor e use como exemplo aqueles que mais admira. Isso fará toda a diferença em sua jornada.

PASSO 3

É importante ter clareza sobre qual é a visão e os objetivos da empresa, quais resultados quer alcançar, e, para isso, junte os diretores e, de modo conjunto, una as visões das gerações. Junte a voz da experiência com o seu novo pensamento e aponte de modo sincero quais pontos fortes e fracos a empresa tem no cenário atual.

É a partir disso que todos poderão desenvolver estratégias para alcançar os resultados utilizando planejamentos e, principalmente, prazos para execução dos planos. Esse mesmo exercício deve ser feito olhando o cenário de oportunidades e ameaças do negócio, acompanhando o posicionamento de mercado e verificando quais são as direções dos concorrentes. Aplique no negócio o que for relevante e diferencie estrategicamente os seus produtos e serviços, agregando mais valor.

PASSO 4

É de extrema importância que o sucessor vivencie todos os setores da empresa para ser assertivo nas estratégias. Mergulhe e conheça quem são seus clientes e quais são as necessidades que a empresa pode atender. Isso estabelecerá como você deve modelar e inovar o seu produto, despertando o desejo de compra dos clientes. Dentro de cada estratégia, deve-se criar indicadores de desempenho para medir a evolução e estipular metas que funcionarão como motivação para que líderes e seus times busquem êxito nos resultados.

Reúna-se com o time e crie estratégias em conjunto para que possam se sentir parte da organização. Depois, estipule períodos de acompanhamento para alinhamento e feedback para a sua equipe.

São quatro passos importantíssimos e que ajudarão você a partir de agora. Iniciei a minha trajetória em 2003 e sempre fui apaixonada pelos desafios que apareceram no caminho. Fui buscar conhecimento em gestão empresarial e, com isso, tive a oportunidade de participar da metodologia do Programa Gaúcho de Qualidade e Produtividade. Foi uma experiência única que me imergiu em centenas de métodos, cases, fluxos e práticas de gestão que eu pude aplicar no negócio em que atuo. Em meu processo, um dos maiores obstáculos foi a resistência dos funcionários à nova maneira de trabalho. Muitos deles não aceitaram flexibilizar-se nesse novo momento, então a minha estratégia foi treinar novos líderes com o meu modelo de pensamento, sempre planejando como eu poderia realizar a transição de cada setor da empresa.

Incentivei todos a estudarem, e por muitas vezes eu mesma ministrei os cursos ou dei "aulas" depois do horário. Sinto que tive sorte, na ocasião, de encontrar o que se chamava na época de consultoria, hoje conhecida como mentoria, que eram duas meninas com perfis diferentes, mas com o mesmo sonho de dar certo. Esse processo me ajudou muito. Foi uma decisão sem volta, e avancei com muito estudo, muito trabalho, muito desenvolvimento pessoal, muitas dedicação integral à empresa e várias vezes me esquecendo de cuidar de mim mesma. A vontade de dar certo era maior!

Por isso, vejo que a virada de chave foi quando vi os métodos dando resultado e as pessoas engajadas nos mesmos objetivos. Em 2010, ganhamos o nosso troféu de bronze na premiação do Programa Gaúcho de Qualidade, em que existe a troca de auditores entre empresas e elas recebem pontuações a partir das práticas de gestão. Em 2011, ganhamos o troféu de prata, e assim a nossa cultura se movimentou e evoluiu. Mantivemos o nosso novo perfil e hoje temos o fundador da empresa ao nosso lado – meu e do meu irmão, que somos os sucessores. A aplicação para a evolução é constante e, para isso, empresa e equipe devem estar flexíveis às mudanças e inovações em qualquer uma das áreas.

Seja administrador ou sucessor, a necessidade de ter excelência nos produtos e serviços é, atualmente, uma tarefa básica em uma organização. Planejar e medir os seus resultados fará com que sinta a evolução dos índices, e isso dará a oportunidade de avaliar se as estratégias adotadas estão realmente dando certo. E quando apresentada aos liderados, ficará claro quais são as lacunas que ainda existem e precisam ser preenchidas, ou seja, se o caminho está certo.

Com o planejamento, ficam balizados os números que queremos alcançar, e isso motiva que todos estejam alinhados com as metas. Nem sempre as estratégias adotadas darão certo, por isso muitas e muitas vezes deverão ser alteradas e, quando isso acontecer, o maior desafio é olhar com verdade o que não está bem e aceitar a aplicação de uma nova prática de trabalho. O processo de profissionalizar a gestão do negócio, além da busca por excelência, previne riscos externos e até faz com que se aproveite oportunidades de mercado.

É inegável que os negócios estão altamente vulneráveis e que o monitoramento dos índices evita surpresas no meio do percurso, então, quando se tem mapeamentos do desempenho, se tem também uma tomada de decisão mais rápida e assertiva. Em momentos de desvio, a agilidade na correção da rota é muito importante.

Vale reforçar também que um fluxo de trabalho bem-estruturado cria um histórico para avaliações dos planos, pois em algum momento a leitura desses dados trará comportamentos de movimento, podendo, a partir daí, desenvolver novas estratégias preventivas ou de combate.

No transcorrer das gerações, o estilo de liderança é alterado conforme as características da época, mas uma administração centralizadora está totalmente fora de cogitação no mercado. Cada gestor tem o seu perfil e potencializa aquilo que julga ser o seu melhor, mas tenha certeza de que o que movimenta uma empresa são as pessoas, e é no líder que elas encontram o exemplo e a referência. Todas elas se lembrarão do que você fez e de qual é o sentimento de ajudar a vencer desafios pessoais ou profissionais. O olhar do líder motiva as pessoas a se engajarem e a fazerem parte da empresa, pois são elas que conquistam os resultados.

De nada adianta uma excelente estratégia e uma supermeta desafiadora se a equipe não entender o seu propósito. Por mais que a tecnologia e os métodos ajudem, sempre precisaremos de pessoas para buscar os nossos objetivos.

Pensando em tudo isso, quero que você desenvolva o seu autoconhecimento e aplique autenticidade no seu perfil de liderança. Isso será decisivo em sua jornada de sucessão!

16.

LIDERANÇA E RESILIÊNCIA NAS ADVERSIDADES EMPRESARIAIS

#fé #liderança #resiliência

M arta Regina é esposa, mãe de dois filhos, empresária, administradora e sócia de loja de peças para tratores e implementos agrícolas. Membro NPL – International Association of PNL – e membro do grupo de empreendedores Premium Tittanium Class.

Marta Regina

@martareginamartinss

martareginamartinss@gmail.com

© Igor Azevedo

Bert Hellinger (1925-2019), fundador da constelação familiar e autointitulado psicoterapeuta alemão, tem uma frase de que gosto muito e que funciona perfeitamente para o início da nossa jornada. Ele diz: "Sofrer é mais fácil do que encontrar soluções".[1] Será que estamos estagnados em nossa vida e no nosso negócio pela falta de vontade de mudar? Será que essa falta de ação acontece, primariamente, porque o sofrimento é o caminho mais fácil? Parece um tanto duro, mas quero iniciar o capítulo com essas reflexões pois elas serão muito importantes para a nossa jornada.

A liderança eficaz acontece por meio do posicionamento do líder que inspira e apoia a equipe para atingir resultados. E isso está na habilidade de desenvolver, treinar e capacitar a equipe para que cada liderado realize as suas atividades com excelência.

Em minha jornada como gestora de equipe, primeiramente apresento o foco e a clareza dos objetivos para que juntos possamos conquistar os melhores resultados. Isso é fundamental, pois faz com que todos sigam na mesma direção e saibam para onde devem caminhar. Em seguida, realizamos treinamentos e capacitações dos liderados, aproveitando o talento natural que cada um possui. Após esse período, envolvo-me no processo com a finalidade de contribuir com a evolução de cada colaborador.

Você faz isso com a sua equipe? Tem o costume de cuidar dessas pontas para que possa proporcionar evolução dentro do negócio a partir de uma liderança estratégica?

Criar processos com acompanhamento de indicadores de desenvolvimento individual e de equipe traz mais clareza e direcionamento sobre as decisões a serem tomadas no cotidiano da empresa. Parece fácil quando escrevo com estas palavras, mas em minha jornada nem sempre foi assim.

Em alguns momentos me deparei com situações em que eram necessárias novas contratações para ampliar a empresa, trocas de colaboradores de funções e departamentos ou até mesmo demissões. Mas, antes de tomar qualquer decisão, fazíamos uma análise detalhada do perfil comportamental de cada colaborador com a ferramenta Disc, criada por William Moulton Marston (1893-1947), psicólogo, teórico, inventor e escritor. É uma ferramenta

---

1   O QUE são constelações familiares criadas pelo alemão Bert Hellinger que é reconhecida pelo SUS e tribunais em todo Brasil? **Agora**, 2 ago. 2018. Disponível em: https://www.terra.com.br/noticias/o-que-sao-constelacoes-criadas-pelo-alemao-bert-hellinger-que-e-reconhecida-pelo-sus-e-tribunais-em-todo-brasil,3901684fde36e-b2f353d05397b4c2070pjatuvxq.html?utm_source=clipboard. Acesso em: 12 dez. 2023.

muito poderosa e ela tem me direcionado para tomar decisões assertivas de como aproveitar cada habilidade dos colaboradores da nossa equipe.

Você utiliza alguma ferramenta para tomar decisões? Você busca se aprimorar nesse sentido e tem indicadores claros para que possa ser assertivo?

Para todos aqueles que não seguem esses passos, o resultado é a alta taxa de *turnover* nas empresas, baixo desempenho e performance e resultados abaixo da média. E isso é muito prejudicial para o crescimento! Utilizar ferramentas como o Disc ajuda os colaboradores a se conhecerem e se capacitarem. Ajuda também o empreendedor a entender melhor a equipe e a promover desenvolvimento ou movimentações necessários para que o negócio flua melhor.

Assim, é importante que o empresário se dedique e desenvolva habilidades relacionadas ao mercado de trabalho, como liderança, comunicação, trabalho em equipe, proatividade, networking e gestão. Além disso, não posso deixar de mencionar que é fundamental buscar mentorias e comunidades que estejam alinhadas nos mesmos objetivos para que a vontade de crescer e se desenvolver se torne um pilar fundamental dos círculos sociais que frequenta.

Por isso, o líder que não se posiciona se depara com uma equipe sem direcionamento e foco. As consequências são perceptíveis, como a comunicação distorcida, de modo que cada um realiza tarefas de maneira individual sem contribuir com resultado no coletivo. Sendo assim, é importante sempre lembrar a missão, a visão e os valores da empresa para que fique claro para a equipe qual é a base para alcançar resultados e crescer na empresa.

Quando os colaboradores se deparam com líderes que não se envolvem no processo das tarefas diárias, realizando treinamentos e acompanhando resultados, cria-se um sentimento de frustrações para toda a equipe. É uma liderança ineficaz, que não pode ser medida apenas pelos resultados financeiros da empresa, mas a partir da ambiência da organização. É preciso estar atento para que a competitividade não gere conflitos, mas sim conquistas pessoais e coletivas. Quanto mais pertencente e realizado o colaborador se sentir, melhores serão os resultados alcançados para toda a empresa. Percebe qual é a dinâmica que quero estabelecer?

Muitas pessoas acreditam que sabem o suficiente, que se está dando certo não precisam inovar. Ficam estacionadas no tempo e não crescem. Às vezes, têm medo de perder o controle da situação por insegurança, falta de informação, de conhecimento, ou se sentem invalidadas por não terem uma formação, um currículo validado. São movidas pelas crenças limitantes que adquiriram do seu sistema familiar. Ou seja, ter clareza, se posicionar e respeitar a sua jornada não tem preço. Tudo tem o seu valor, tudo o que fazemos tem muito valor e é muito importante.

Então busque o autoconhecimento e tenha clareza de que tudo pode melhorar. Faça tudo com muito amor e faça bem-feito, mesmo nas pequenas coisas. Faça o que precisa fazer, entregue o seu melhor. Peça ajuda. Assim como Joel Jota diz, pessoas precisam de pessoas,[2] e isso cabe a você também.

Como você escolhe enfrentar as suas batalhas? Sozinho ou ao lado de quem confia? Como você escolhe seguir adiante?

Quero que você seja grato por tudo o que conquistou e que seja constante naquilo que deseja conquistar. Parece simples, mas o sentimento de gratidão nos traz clareza do que conquistamos, bem-estar e equilíbrio emocional. Ser grato por todas as ocasiões, pessoas e tudo o que adquirimos nos impulsiona a ser constantes e a ter mais conquistas em nossa vida.

Sou o próprio exemplo da gratidão! Sou grata por ter a oportunidade de participar de ecossistemas e estar cercada de pessoas que me impulsionam a evoluir em todas as áreas da minha vida. Quando decidi frequentar os ambientes certos com as pessoas certas, me coloquei na posição de aprendiz e me tornei uma líder melhor para a minha equipe e empresa. Mas, assim como todo ser humano, deparei-me com os desafios de viver o processo e a jornada para evoluir. Entretanto, jamais permiti que as adversidades do caminho influenciassem a minha constância em crescer.

Agora, quero apresentar um passo a passo para que você possa mudar o jogo do seu negócio e possa ter mais resiliência nas adversidades que estão por aí ou que ainda virão.

1)

Tenha muito claro qual é a sua missão, sua visão e seus valores. Caso isso ainda não esteja definido, pare e faça essa jornada agora mesmo.

2)

Quando iniciei no mercado de trabalho, ainda não ocupava posições de lideranças nem possuía um currículo validado. Mas a minha visão empreendedora e minha eficiência em fazer todas as atividades com excelência me levaram a mudar minha história e a tirar do rascunho o projeto de empreender.

---

2   JOTA, J. (org.) **Pessoas precisam de pessoas**: estratégias para o novo mundo. São Paulo: Gente, 2022.

Nesse momento, percebi a importância de ouvir a equipe. Sempre me atentei a ouvir o próximo, entender os comportamentos e sonhos que cada membro tinha. Sabia reconhecer o talento de cada um e orientava nas atividades de modo a potencializar os resultados da empresa e da equipe. Dessa forma, contribuí com o crescimento financeiro da empresa.

Use e abuse da escuta ativa. Isso é fundamental para a construção dos resultados.

3)

O talento para a liderança foi lapidado pelos donos das empresas em que trabalhei por meio de feedbacks e por desafios que me impulsionaram a aprender mais e a me tornar a empresária que hoje sou. Assim, dê e receba feedbacks.

Essa troca com a equipe faz com que você saiba quais são as expectativas e o que precisa ser ajustado no meio do caminho, para fazer mudanças necessárias de percurso.

4)

Busque conhecimento! Além das experiências profissionais, entendi que era necessário buscar conhecimentos em livros, cursos, mentorias e integrar grupos de networking.

Como sou uma mulher forte, determinada, de fé inabalável e de atitude, entrei na jornada do autoconhecimento para me conhecer melhor e descobrir as minhas vulnerabilidades. Investi em treinamentos que me ajudaram a potencializar minha inteligência emocional e a evoluir no profissional.

Tenha esse comportamento em sua vida e incentive isso em sua equipe. Como bônus, quero deixar algumas leituras fundamentais:

- ▸▸ *Destrave a sua vida e saia do rascunho*: tenha coragem para assumir os seus planos e blinde sua mente para viver uma vida com abundância, Fernanda Tochetto. São Paulo: Gente, 2021;
- ▸▸ *Esteja, viva, permaneça 100% presente*: o poder da disciplina, do foco e dos minihábitos para conseguir realizar seu potencial máximo, Joel Moraes (Joel Jota). São Paulo: Gente, 2019;
- ▸▸ *Especialista em pessoas*: soluções bíblicas e inteligentes para lidar com todo tipo de gente. Tiago Brunet. São Paulo: Academia, 2020;
- ▸▸ *Desperte o seu gigante interior*: como assumir o controle de tudo em sua vida, Tony Robbins. Rio de Janeiro: BestSeller, 2017;

➤➤ *Liderança disruptiva*: habilidades e competências transformadoras para liderar na gestão do amanhã, Sandro Magaldi e José Salibi Neto. São Paulo: Gente, 2022;

➤➤ *Gestão do amanhã*: tudo o que você precisa saber sobre gestão, inovação e liderança para vencer na 4ª Revolução Industrial, Sandro Magaldi e Jose Salibi Neto. São Paulo: Gente, 2018.

5)

Na minha jornada de crescimento, busquei por ambientes de evolução, realizei conexões com pessoas que me impulsionaram a crescer profissionalmente, conheci mentores que já fizeram a jornada e obtiveram sucesso e que me orientaram, direcionando os meus próximos passos para o crescimento da empresa e dos colaboradores.

Faça isso por você também! A evolução é o objetivo sempre.

6)

Agradeça! Seja grato sempre e lembre-se de celebrar as suas conquistas.

Antes de finalizar, quero contar uma história importante em minha jornada. Na pandemia, com a empresa vivendo de decretos, abrindo e fechando de acordo com a nossa região, tínhamos poucos colaboradores que trabalhavam no modo presencial, atendíamos clientes somente por telefone e no balcão.

A maioria dos nossos clientes são agricultores muito simples e que não tinham acesso ao mundo digital, então precisei contratar uma equipe home office para iniciar uma força-tarefa e migrar os clientes para o mundo digital, conscientizando-os para fazer os orçamentos e pedidos via WhatsApp. Foi um grande desafio, pois eles não estavam abertos a uma mudança tão brusca e rápida, mas precisei ter paciência e ajudar no processo de conscientização. No final, foi um sucesso!

Com essa história, quero provar para você que a jornada nem sempre é cheia de flores. Ela possui os seus espinhos. Entretanto, a resiliência e a busca pelo aprimoramento pessoal e coletivo faz com que possamos crescer e melhorar a nossa jornada. Como resultado, o negócio também cresce e sobrevive às adversidades.

Sempre tive uma fé infinita, declarei no meu eu interior a conexão que tenho com Deus e sabia que Ele faria a parte dele quando necessário. Pedia que Ele me amparasse com as forças que eu merecia, me dando sabedoria e resiliência para passar por todo o processo. Mesmo quando parecia impossível, sempre persisti. Minha fé e determinação sempre foram muito grandes. Em mim, existe uma vontade incansável de servir as pessoas com o conhecimento que tenho, e, dentro das minhas possibilidades, às vezes até com dificuldade de dizer "não" para as pessoas, também aprendi que cada "sim" que eu dava para ajudar era um "não" a meu favor. Então tive de equilibrar, aprender o colocar na balança os atos de dar e receber.

Minha fé e vontade de servir puderam contribuir para superar todos os desafios que vieram. E assim será com você! Caro leitor, convido-o a ter fé e resiliência, a jamais desistir, mesmo quando estiver desafiador. Procure ajuda de mentores que já percorreram o caminho e que possam direcionar o seu. Faça cursos, consuma conteúdos disponíveis na internet, ouça podcasts de pessoas que admira, participe de palestras, de grupos de networking e faça parte de comunidades de negócios.

Você é merecedor de uma vida plena, então se dê a oportunidade de ter liberdade financeira, de construir a vida que merece, de fazer as viagens dos seus sonhos e ter qualidade de vida com a sua família. Seja um líder que forma vários líderes no seu ecossistema, contribuindo com os seus liderados para que eles também realizem os próprios sonhos e os de seus familiares. Gere valor para liderados e clientes. Treine o seu cérebro com aquilo que você quer e merece.

A verdade é que nem sempre acreditamos em nosso potencial, mas você é poderoso. Tome a decisão e esteja no lugar certo, com as pessoas certas, em ambientes que possibilitam a sua evolução. Decida seguir em paz, decida ter uma vida próspera sem ter culpa de que poderia ter feito melhor. Faça a sua parte, somente a sua parte, porque a das outras pessoas você não tem como controlar.

Dê o seu melhor com os valores e as crenças que possibilitam que você deixe um legado. Seja inspiração de coragem, determinação e gratidão a tudo que é e foi. Decida construir resultados diferentes, tome as decisões assertivas necessárias, cuide do seu espiritual, decida construir resultados diferentes, mesmo que tenha julgamentos. Lembre-se: o que os outros dizem não importa. Você deve continuar tomando decisões e escolhendo o seu destino. Você é responsável por ele!

17.

SAIA DO RASCUNHO CONTABILIZANDO LUCROS

#negócios #contabilidade #gestão

É contadora e pós-graduada em Gestão Empresarial pela Escola Superior de Propaganda e Marketing (ESPM) e em Finanças, Investimentos & Banking pela PUC-RS. Também é sócia da Schumacher Contabilidade, empresa contábil com mais de cinquenta e seis anos de atuação no mercado.

Cristiana Schumacher

@cris_schumacher

facebook.com/cristiana.schumacher.1

© Stelamaris da Silva

Quantas vezes você já abriu os olhos no meio da noite pensando se vai ter dinheiro para pagar as contas da sua empresa no dia seguinte? Você olha para o teto, faz cálculos, promete que vai se organizar, mas a mesma história se repete mês após mês. Infelizmente, muitos gestores são eficientes na operação, mas costumam ser ineficazes nas decisões que envolvem o caixa da empresa. E sempre falta caixa! Ou seja, falta dinheiro disponível para pagar as contas, que é o que chamamos de liquidez no mundo da contabilidade.

Mas por que isso acontece? Como identificar onde estou errando?

Número 1: comece pelo fim. Você está tendo lucro? Lucro é o dinheiro que sobra após pagar todos os custos e as despesas da empresa. É a última linha. É o que interessa. Se você não monitora o seu negócio adequadamente, a sua empresa pode não estar tendo lucro – e talvez você nem saiba disso!

Número 2: estanque o sangue do caixa. Se a sua empresa está tendo lucro, mas continua sem dinheiro, é provável que o problema esteja no fluxo de caixa, que é o equilíbrio entre a entrada e a saída de dinheiro. Se o resultado desse movimento for negativo ao final do mês, o seu negócio está "sangrando", ou seja, o seu fluxo de caixa está descompassado. Essa situação ocorre, por exemplo, quando o prazo que os seus clientes têm para pagar (seus recebimentos) é superior ao prazo que você tem para pagar as suas obrigações (fornecedores, salários e demais contas).

Calma, vou explicar melhor. Na prática, o descompasso do fluxo de caixa acontece quando você compra de seus fornecedores à vista, pois eles dão "um descontinho", mas vende para os seus clientes em dez vezes no cartão de crédito, pois "o concorrente faz assim" e você acha que deve fazer também – mesmo nunca tendo calculado se é vantajoso.

Número 3: qual é o nível do seu "eu mereço"? O terceiro motivo de falta de caixa está relacionado à retirada excessiva de dinheiro pelos sócios. A empresa está lucrativa, o fluxo de caixa está em dia, mas você, sócio, acha que o caixa da empresa é o seu bolso, e paga todas as suas contas pessoais com a conta da empresa.

Sem perceber, vai aumentando o seu padrão de vida, afinal, "eu mereço, né? Trabalho tanto!", escoando cada vez mais dinheiro para fora da empresa. Sem controles e sem limites, o bem maior – o seu negócio – é descapitalizado.

Então lembre-se: o caixa é rei. E por isso precisamos resolver esse problema com urgência. Segundo relatos de empresários que fecharam as suas portas, a falta de caixa foi um dos principais motivos para a falência. Ou seja, ou você tem caixa ou você morre como empresário. Simples assim.

Apesar de o lucro ser condenado historicamente, precisamos entender, de uma vez por todas, que o resultado financeiro da empresa é o responsável por manter vivo todo o ecossistema ao redor dela. O lucro de uma empresa garante a sobrevivência dos sócios, dos colaboradores, dos fornecedores, dos familiares de todos os envolvidos, além de tudo o que é revertido para a sociedade através dos tributos pagos ao governo, aplicados em saúde, ensino e estrutura. Imagine só quantas vidas estão envolvidas nessa conta. Então lembre-se: quando uma empresa quebra, quebram também várias famílias.

Perceber a complexidade da nossa relação com o dinheiro é fundamental para entender a conexão emocional com ele. A realidade é que é muito satisfatório ver o dinheiro entrando no caixa todos os dias. Desperta uma sensação de tranquilidade e fartura. Porém, se a empresa não está organizada, essa falsa sensação de abundância faz o montante se esvair rapidamente, gerando uma insegurança profunda no gestor: "Será que vou ter dinheiro suficiente para pagar a minha pilha de boletos de amanhã?". Essa insegurança corrói. Corrói lentamente monitorar, dia a dia, se o caixa que entra é suficiente para cobrir as despesas dos dias seguintes. Sem reservas, qualquer deslize pode ser fatal. E esse medo, em forma de gotas diárias, vai debilitando e desanimando o empreendedor.

Cada gota vai deixando mais pesada a responsabilidade pela sua capacidade de gestão. É um fardo saber que inúmeras pessoas dependem exclusivamente da sua decisão, ainda mais quando sua desorganização não permite identificar o rumo do seu negócio. Você está sozinho e não tem a quem recorrer. Sabe que investiu todas as economias em um sonho e agora não tem mais certeza se foi a decisão certa. Entende que, se falhar, além de todo o capital inicial investido, entrará em um mar de dívidas e perderá padrão de vida. Tem a sensação de nunca conseguir sair do rascunho. Sabe que todos dependem de você.

Quero que você me conte agora: você sente ou passa por essas situações? Conhece alguém que vive isso? É bem provável que sim e quero explicar por qual motivo essa situação é tão comum.

Infelizmente, a maioria dos gestores brasileiros tem formação somente na educação básica, não especializada a nível profissional. E, dos que possuem nível superior, poucos são da área de contabilidade, finanças ou administração. Além disso, uma boa gestão envolve outras habilidades sutis de comportamento, como relacionamento e capacidade de análise. O gestor, além de pouco qualificado, normalmente está sozinho no planejamento da sua empresa e não tem proximidade com outros profissionais da área gerencial, que poderiam auxiliá-lo no processo, como contadores.

Aliado à baixa qualificação e alto despreparo, o empreendedor caracteriza-se como o indivíduo que possui alto nível de energia e de perseverança que, combinados com a disposição para correr riscos moderados, normalmente se transformam em uma bomba-relógio. É cultural. Não falamos sobre isso na escola ou na nossa formação como cidadão e, tristemente, o resultado é desastroso.

Então quero que você saia do rascunho aplicando a contabilidade na sua empresa e desfrute do sucesso que sempre mereceu! Eu sei que a contabilidade é muito complexa e pode não ser atrativa, mas conhecer os conceitos básicos é fundamental para o êxito do seu negócio. São ferramentas essenciais que permitem que você projete o resultado da empresa, e tenha certeza se o seu negócio é realmente lucrativo.

Acredite, organizar os seus números vai trazer tranquilidade. Lembre--se: comece pelo fim – o lucro. Além disso, saber o caixa-mínimo, ou seja, entender qual é o valor em dinheiro que a empresa precisa ter disponível para cobrir os custos, até que as contas a receber de clientes entrem no caixa, é básico. E, por fim, é preciso compreender que a sua empresa – pessoa jurídica – e você – pessoa física – são entes diferentes. *Você faz parte da empresa*, não é ela! E deve ser remunerado por isso, por meio de um salário definido pelo seu papel desempenhado, e não pelo montante de dinheiro que gira no caixa.

Para tirar a sua empresa do rascunho, portanto, é preciso organização! Vamos ver as etapas.

ETAPA 1: O REGISTRO

Entenda que o *registro* dos fatos é fundamental! Saber ler e entender os números é como um marinheiro olhando um mapa de navegação.

Comece registrando todas – eu disse *todas* – as entradas (receitas) e saídas (custos e despesas) em categorias. Defina poucos e grandes grupos de categorização e aloque os dados neles. Dessa forma, será possível identificar, percentualmente, o quanto cada categoria representa nos seus gastos. E, através desse índice percentual, você passará a ter um parâmetro de comparabilidade.

Deixa-me desenhar para ficar mais claro, veja a figura a seguir:

Vendas	R$ 20.000,00
Salário da Aline	R$ 2.000,00
Aluguel	R$ 3.000,00
Mercadorias	R$ 7.000,00
Luz	R$ 300,00
Impostos	R$ 3.000,00
Férias do Josué	R$ 1.000,00
Internet	R$ 100,00

Nessa primeira tabela, temos vários dados registrados, mas não conseguimos extrair nenhuma informação importante. Agora, vamos experimentar categorizar esses dados:

RECEITAS		
Vendas	R$ 20.000,00	100%
TRIBUTOS		
Impostos	R$ 3.000,00	15%
CUSTOS E DESPESAS		
Custos	R$ 7.000,00	35%
Mercadorias	R$ 7.000,00	
Pessoal	R$ 3.000,00	15%
Salário da Aline	R$ 2.000,00	
Férias do Josué	R$ 1.000,00	
Administrativo	R$ 3.400,00	17%
Aluguel	R$ 3.000,00	
Luz	R$ 300,00	
Internet	R$ 100,00	
LUCRO	R$ 3.600,00	18%

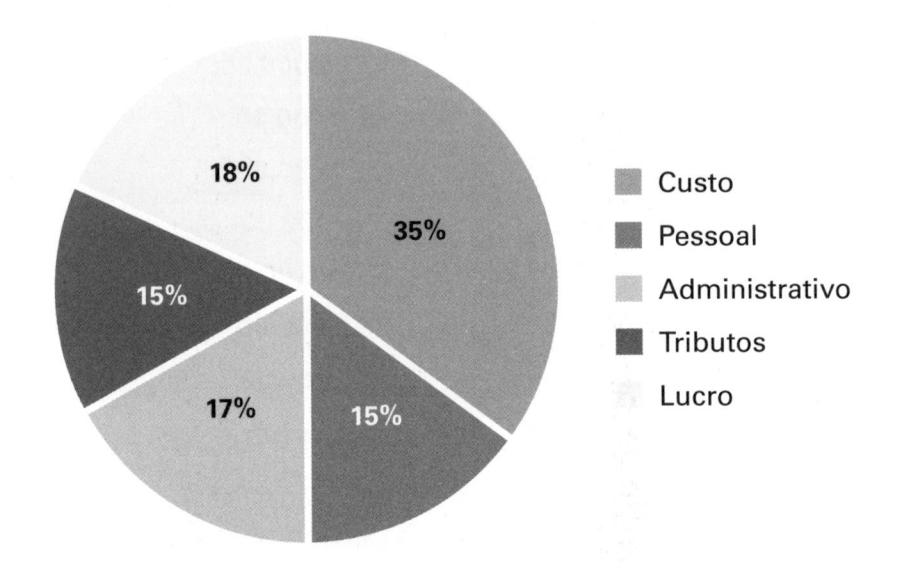

Viu como ficou mais fácil entender os números dessa forma? Acabamos de construir uma DRE – Demonstração de Resultado. Através da DRE, você entende o quanto cada categoria de custos e despesas consomem do seu faturamento, até chegar no seu lucro.

Por exemplo, quando aloco em uma categoria todos os gastos com folha de pagamento (salários, férias, 13º salário) e olho para eles de maneira macro, entendo que representam 15% do meu faturamento. Com isso, passo a ter um parâmetro de comparabilidade e análise para verificar se é muito ou pouco, se posso reduzir, se está dentro da média do mercado, e o quanto está impactando na minha lucratividade. Preciso ter clareza do percentual que sobra de lucro, afinal, é essa última linha que garantirá a continuidade de todas as outras.

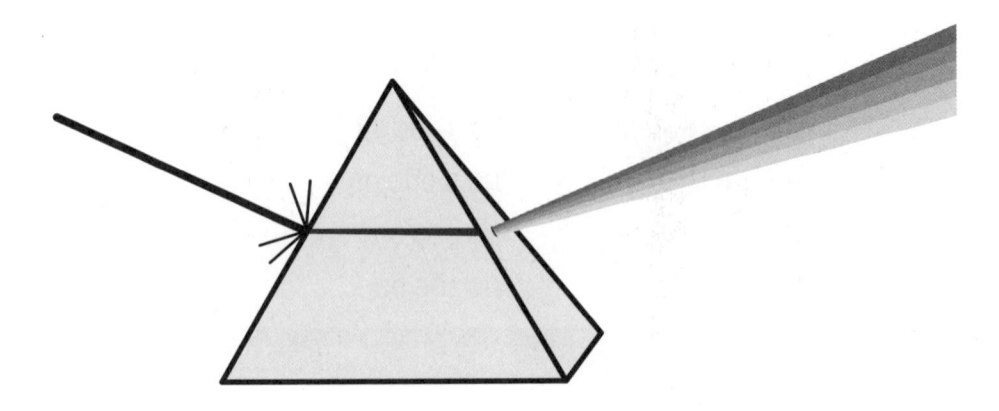

Gosto de fazer analogia ao prisma de vidro: o dado entra vazio e sem cor e sai como uma informação alocada e representativa. Um acontecimento sem registro não tem serventia. Um registro sem se transformar em uma informação tampouco tem importância. Um dado só passa a ter relevância quando vira uma informação, ou seja, quando é tratado e passa a ter um significado, transmitindo uma mensagem em uma situação real. É através da análise e da compreensão das informações, que possuem significado, relevância e comparabilidade, que você pode tomar as decisões.

ETAPA 2: O DESEQUILÍBRIO DESEJADO

Agora que você tem registrado os fatos e consegue estimar a sua lucratividade, podemos ampliar o olhar para entender como os números se movimentam na empresa e o que devemos buscar para ter resultados e liquidez. Passaremos a olhar a floresta toda em vez de focar uma só árvore.

Pense que a sua empresa é uma balança com dois pratos. Um se refere ao *ativo*, e nele estão todos os seus bens (dinheiro, máquinas, estoque) e direitos (seus créditos com clientes, por exemplo). O outro é o *passivo*, que contém as suas obrigações (fornecedores e demais contas a pagar).

Esse é o seu balanço patrimonial. Veja como fica claro o entendimento sobre como o ativo deve ser sempre maior que o passivo a partir da figura a seguir. Dessa forma, a empresa terá lucro e o fluxo de caixa normalmente estará adequado.

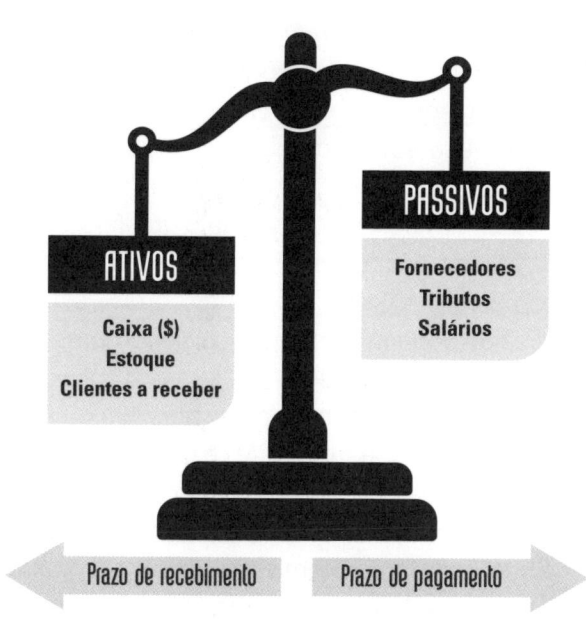

Além do tamanho do ativo em relação ao passivo, é necessário verificar os prazos de entrada e saída de caixa de cada uma dessas unidades. Para verificar se o meu fluxo de caixa está adequado, devo entender que os prazos que estão no meu ativo, ou seja, meus créditos (clientes) deverão ser sempre menores do que os prazos das minhas obrigações, que estão no passivo (fornecedores). De forma simples, devo sempre receber os valores das minhas vendas antes de pagar as minhas compras.

É importante lembrar que aqui estamos trazendo uma simplificação, ou seja, conceitos básicos e passíveis de serem aplicados na sua empresa.

ETAPA 3: A SEPARAÇÃO

Por fim, porém muito importante, é necessário entender a separação do patrimônio da pessoa jurídica e da pessoa física. Significa proteção para ambas as entidades. Não interessa o tamanho da sua empresa, comece fazendo da maneira correta. O primeiro passo é definir um pró-labore, ou seja, uma remuneração ao sócio pelo seu trabalho. Esse será o salário mensal. O ideal é definir uma data e transferir o valor estipulado da conta da empresa para a conta pessoal do sócio, tal qual o pagamento do salário feito para cada funcionário.

A partir disso, o sócio usa a conta da pessoa física para fazer os pagamentos privativos. Nada de ficar usando o cartão da empresa para pagar as contas pessoais, nem ficar fazendo várias retiradas conforme a conta da pessoa física entra no negativo. Defina um valor mensal conforme a capacidade da empresa e ponto. Que todos aprendam a viver com aquilo. A cada três ou seis meses, pode-se fazer uma distribuição de lucros – obviamente, se a empresa estiver dando lucro e você souber medir isso.

Para ilustrar melhor a importância de tudo o que falei até aqui, deixe-me contar a história da Milena. Ela prestava serviços de limpeza, era funcionária de uma grande corporação e sabia muito bem o que estava fazendo. Até que, um dia, decidiu que poderia ser mais: quis ser empresária e, com muito custo, conseguiu abrir a sua empresa!

Como a maioria dos empreendedores brasileiros, Milena conhecia muito da parte operacional, mas nada de gestão de empresas. Mas ela sabia o importante: precisava de ajuda! Quando chegou ao nosso escritório, o primeiro passo foi mostrar para ela o que, de fato, sobrava ao fim de um serviço. Iniciando pelo faturamento de um contrato, abatíamos todos os custos e as despesas até chegar ao número que realmente importava:

o lucro. Milena passou a olhar o seu negócio de modo macro e a fazer gestão por meio da contabilidade. O resultado? Após dezoito meses, o seu faturamento alcançou a marca de 900% em relação ao inicial.

Há muitas Milenas pelo país afora. E muitas vão quebrar. Trilhe o mesmo caminho da Milena que contei aqui: registre os fatos, organize-se e peça ajuda!

Segundo Robert T. Kiyosaki, autor de *Pai rico pai pobre*: "A contabilidade possivelmente é um dos assuntos mais confusos e enfadonhos do mundo, mas se quiser ser rico em longo prazo, ela pode ser crucial".[1] Então aprenda a identificar o que são os seus ativos – o que lhe trará dinheiro –, e os seus passivos – o que lhe tirará dinheiro. Use essa lógica para rodar o seu negócio. É preciso ler e entender os números, gostando deles ou não. Eles são a linguagem dos negócios.

Não deixe o seu talento morrer por não se interessar pelos cálculos. Eles são a única forma de saber se você está tendo resultado. Não precisa ser um especialista, saiba o mínimo, e peça ajuda a alguém da área que entenda o suficiente para lhe ajudar na tomada de decisão.

Assim, quero fechar o capítulo com uma frase de Morgan Housel, autor de A psicologia financeira: "Sucesso financeiro tem menos a ver com inteligência e muito mais a ver com comportamento".[2] Todas as decisões que tomamos são fruto da informação que temos no momento. Registre e organize essas informações, elas são muito mais valiosas do que você imagina. Pense que o dinheiro é como o sal na comida: ele só acentua o que você tem de melhor!

1   KIYOSAKI, R. T. **Pai rico, pai pobre**: o que os ricos ensinam a seus filhos sobre dinheiro. São Paulo: Alta Books, 2018.

2   HOUSEL, M. **A psicologia financeira**: lições atemporais sobre fortuna, ganância e felicidade. São Paulo: HarperCollins, 2021.

18.

ENCONTRE E ELIMINE O PROBLEMA ESTRATEGI-CAMENTE

#resultado #consistência #consciência

Maria Cristina de Lima Frosi é consultora, sócia-fundadora da empresa Inspirare Risultato Consultoria e Treinamento, formada em Administração com especialização em Administração Financeira pela Universidade de Caxias do Sul (UCS). Possui MBA em Gestão Empresarial pela Fundação Getulio Vargas (FGV), MBA em Finanças e Controladoria pela Universidade de São Paulo (USP), e especialização de Gestão Estratégica de Custos (UCS). É presidente do Instituto de Desenvolvimento de Consultores (IDC), atua na área financeira há mais de trinta anos e com consultoria estratégica e financeira há dezoito anos. Tem como missão inspirar pessoas e empresas a alcançarem os resultados desejados.

Maria Cristina de Lima Frosi

© Igor Azevedo

@mariacristina_limafrosi

A o longo de trinta anos trabalhando na área financeira, com mais de 3.500 empresas atendidas e inúmeras recuperações extrajudiciais realizadas, pude perceber que o obstáculo financeiro é a maior dificuldade que os empreendedores e as empresas sentem para sair do rascunho e realizar os seus sonhos. No entanto, o risco financeiro é inerente a todos que ingressam no mundo dos negócios, e a maioria das empresas vai enfrentar esses desafios em algum momento de sua existência.

Se esta é a sua realidade, você não é a primeira pessoa a vivenciar isso – e certamente não será a última. Porém, lembre-se de que você não está sozinho. E que é nesse ponto de obstáculos que os empreendedores começam a se questionar sobre o motivo que os levou a estarem em tal situação. É quando tendem a travar e sentirem-se presos, usando o momento atual como mais uma adversidade para não sair do rascunho. São em horas como essa que a sua mente sabota você inconscientemente, e as seguintes frases invadem o seu pensamento: *Tenho competência para administrar a minha empresa? Como pude cometer esse erro? O que vou fazer agora? O que os outros vão falar? É impossível pensar em fazer algo diferente agora. Eu devia ter percebido antes!*

Em minha experiência, no entanto, vejo que outros negam a situação e buscam auxílio para organizar a rotina e os processos sem antes entender a gravidade em que se encontram. Na maioria dos meus atendimentos, vejo que os empresários já vasculharam inúmeras razões pelas quais encontram-se na situação atual e consolidaram uma série de justificativas, ou seja, estabeleceram motivos pelos quais não conseguiram predizer os problemas que enfrentariam ao seguir determinada rota.

E, geralmente, esses profissionais estão cansados, deprimidos e angustiados. O repertório de soluções está se repetindo em uma espiral sem-fim, sempre obtendo o mesmo resultado insatisfatório. Outros tantos repetem práticas que, em vez de gerar redução do endividamento, apenas o aumentam.

Sendo assim, ao encontrar-se em um problema como esse, concentre-se em eliminar a causa, e não a consequência, o mais rápido possível. Como essa condição enfraquece a sua resistência e a sua energia, o tempo é um inimigo mortal. A sua capacidade de pensar de maneira racional sobre a situação vai diminuir conforme a situação financeira da empresa piora. O seu corpo e a sua mente estarão exaustos ao fim do dia. Ou seja, enquanto a situação persistir, o cansaço se instalará cada vez mais.

Ao longo dos anos em que estive na área financeira, apenas quatro empresas, das inúmeras atendidas, não puderam ser salvas: uma delas foi porque a organização possuía apenas um produto e ele foi descontinuado/

substituído por outro no mercado. Já as outras três foram porque os empresários não tinham mais forças para transformar as suas empresas durante o período de recuperação. A resistência mental já estava muito baixa e eles se autossabotariam em todas as etapas. Seria exaustivo e, no fim, e não teriam sucesso. Nesses casos, a recuperação nem foi iniciada.

O que tiramos de lição disso: quanto antes você parar e encarar a situação, entendendo o problema e a origem dele, e então buscando uma solução, maiores serão as chances de sucesso e menos tempo levará para resolver definitivamente o buraco financeiro. E, melhor ainda, você conseguirá criar o próprio modelo de gestão para evitar que essa situação volte a acontecer no futuro.

Lembre-se: são as pessoas que dirigem as empresas! Muitas vezes, acreditamos erroneamente que a gestão financeira envolve somente números, planilhas e racionalidades, mas essa não é a realidade! A gestão de negócios está intimamente relacionada à heurística, ou seja, aos pensamentos e comportamentos praticamente automáticos nos humanos, que agem de modo intuitivo e inconsciente para achar prováveis respostas para aquilo que procuram. Além disso, a gestão de negócios fala também sobre o perfil comportamental dos gestores, isto é, cada empreendedor tomará as decisões baseado em sua estrutura psicológica.

É importante, portanto, compreender a psicologia das pessoas que enfrentam problemas financeiros durante a gestão do seu negócio. No momento em que as decisões não surtem os efeitos desejados, as reações podem ser: aumentar a intensidade do que já vinha fazendo; fazer totalmente ao contrário; desistir e deixar as coisas acontecerem; negar a situação; culpar o mercado, o governo, o setor; ou buscar novas alternativas. Nesse momento, o empreendedor percebe que está fazendo algo que não está funcionando, mas já tentou tantas coisas que está cansado demais para ver a luz no fim do túnel. A aflição e o desespero acompanham a mente dia e noite. Dentro desse empreendedor, existe um turbilhão de emoções, prestes a explodir, que o consome em todos os momentos. Ele se sente sozinho e fraco.

Você está passando por isso agora? Conhece alguém que está? Caso a resposta seja sim, fique aqui porque conversaremos sobre o que pode ser feito para que esse cenário mude. Mas, antes, quero falar sobre os motivos pelos quais isso pode estar afligindo tantos empreendedores.

Veja: o que mercado não nos ensina? Por que você chegou neste ponto? Certamente, você foi consumido pela rotina e deixou de olhar o painel (*dashboard*) da sua empresa, passou a dirigi-la sem olhar para as métricas e os indicadores. Ou, ainda, recebeu indicadores baseados em números incorretos, algo muito comum de acontecer. Muitas das empresas que atendi possuíam *dashboards* bastante complexos e sofisticados, com vários itens sendo analisados, porém a base de dados estava incorreta e alguns dos indicadores não possuíam relevância de fato, ou então não estavam ligados diretamente aos centros nevrálgicos da empresa. Numerosas reuniões eram realizadas, mas pouco era feito para abordar a raiz do problema. Você pode estar gastando muito tempo fazendo coisas que não geram valor ao seu negócio. Portanto, pare por um momento e pense: qual é o seu papel como gestor e empreendedor? Não é gerar valor para o negócio? Como avaliaria, hoje, o cumprimento de sua missão principal?

Essas respostas nos ajudam a guiar como você precisa mudar o seu comportamento a partir de agora. Quero que aumente os seus resultados! E, para isso, precisa começar pelo princípio, ou seja, certificando-se que os seus dados estão corretos.

Para que você possa voltar suas energias para a solução do problema financeiro da sua empresa, comece revisitando a base de seus dados:

▶▶ 1º passo

Verifique se seu plano de contas está correto, certifique-se de que ele seja aberto o suficiente para que você visualize as principais contas de sua empresa, mas que não esteja aberto de mais a ponto de se tornar poluído.

▶▶ 2º passo

Transforme o seu plano de contas no sistema de custeio variável, pois ele lhe trará muitas análises estratégicas, oferecendo para a sua empresa as análises de custo × volume × lucro e o permeando por estratégias de preços para itens que possuem diferentes públicos ou volumes.

▶▶ 3º passo

Certifique-se que todas as saídas passem pelo seu sistema (seja ele em planilhas ou softwares). Algumas contas acabam passando despercebidas, como cartão de crédito, juros e empréstimos. Da mesma forma, verifique se todas as suas vendas estão lançadas e previstas no contas a receber. Ah, e cuide do estoque! Ele é o seu maior cofre. Crie procedimentos de rotina para a conferência de dados.

Agora que você já está seguro com a sua base de dados e já providenciou que a sua gestão será por meio do modelo de custeio variável – custo × volume × lucro –, você precisa entender como esse sistema pode lhe ajudar, pois muitos podem imaginar que ele gera benefícios apenas para a formação do preço de vendas, mas essa é uma ferramenta potente para criar estratégias rápidas para o seu negócio. Mas como?

Quero que você crie o Relatório de DRE da seguinte forma:

Relatório de DRE = receitas – custos variáveis =
margem de contribuição – custo fixo = lucro líquido

Aqui, não se esqueça de incorporar a análise vertical (utilize a base da receita total 100%, e não a líquida, para a sua análise gerencial, pois assim será mais fácil de comparar com o dia a dia da empresa e, principalmente, com a formação do seu preço). Se entendermos que a receita é a soma dos preços de vendas × as quantidades vendidas dos produtos, então poderemos observar que o preço de vendas é fundamental.

Uma vez realizada essa primeira etapa e com os dados em mãos, comece a sua análise da receita para o lucro fazendo três paradas nessa jornada. São elas:

1ª PARADA: MARGEM DE CONTRIBUIÇÃO

Este indicador em porcentagem lhe informa quanto de cada real vendido você obtém para pagar o seu custo fixo. Ou seja, se a sua margem de contribuição é de 35%, significa que para cada real que você vende sobram R$ 0,35 para cobrir o seu custo fixo. Se fizermos um indicador, podemos dizer que R$ 1,00/35% = 2,857, ou seja, para cada real que eu quiser gastar terei que faturar R$ 2,857 para reequilibrar as contas da minha empresa.

Veja que aqui já temos uma ferramenta poderosa de decisão se devemos ou não efetuar determinado custo ou aquisição. Cabe ressaltar que se, eventualmente, a sua margem de contribuição geral estiver negativa, cuidado! Pare tudo, pois está vendendo abaixo do custo, ou seja, está pagando para vender.

2ª PARADA: LUCRO LÍQUIDO

Se a sua margem de contribuição estiver adequada ao setor ao qual você pertence (muitos órgãos divulgam essa informação), então significa que o seu preço está correto. Neste caso, se o seu lucro líquido for negativo, significa que ou a sua estrutura está muito pesada ou o seu volume de vendas está abaixo do necessário para manter a empresa. Portanto, aumente as vendas ou reduza a estrutura.

Busque a causa e trate-a urgente, ou então, no médio prazo, se não houver lucro, não haverá mais empresa.

3ª PARADA: EMPRÉSTIMOS, INVESTIMENTOS E RETIRADAS

Relacione a soma das parcelas de empréstimos, investimentos e retiradas de lucro que você consome do caixa e do seu lucro mensalmente. Se na 2ª parada o seu lucro estiver dentro da média de mercado, mas a sua empresa possui parcelas de empréstimos/investimentos e retiradas acima do lucro gerado, você deverá renegociar essas parcelas ou reduzir os imobilizados para adequar o volume mensal a pagar ao lucro líquido gerado. Caso contrário, isso pode se tornar uma bola de neve, ao tomar novos recursos para cobrir os que foram tomados anteriormente.

Agora que você já tem os passos de como avaliar os seus resultados, quero fazer a indicação de dois livros que podem ajudar a melhorar os seus conhecimentos sobre esses assuntos. São eles:

1. *Valuation:* métricas de valor e avaliação de empresas – Alexandre Assaf Neto. São Paulo: Atlas, 2017;
2. *Rápido e devagar:* duas formas de pensar – Daniel Kahneman. Rio de Janeiro: Objetiva, 2012.

Por fim, para que você entenda como essas informações são importantes, quero contar um *case* atual. Uma empresa investiu pesadamente na ampliação do negócio, porém fez isso sem entender quais seriam as consequências. Após a carência dos empréstimos, ela passou a enfrentar problemas seríssimos de caixa, buscando empréstimos para pagar empréstimos anteriores, até o momento que essa bola de neve se tornou em uma avalanche, chegando ao ponto de ter bens alienados à penhora, em função de dívidas bancárias, dívidas com os seus fornecedores e dívidas com o governo, pois deixou de pagar os empréstimos, teve títulos protestados e cheques devolvidos. Enfim, chegou a uma das piores situações financeiras da sua história.

Fui chamada para avaliar se haveria a possibilidade de recuperação para essa empresa. Assim que realizei o levantamento dos dados, confirmei que havia essa possibilidade, pois a organização estava com o preço totalmente fora do mercado. Assustados, os empreendedores disseram: "Mas se tivermos que aumentar o preço, não conseguiremos vender!", porém, o que eles não sabiam é que, nesse caso, o preço estava muito acima do mercado. Descobri isso em uma análise da margem de contribuição com relação ao que o mercado trabalhava.

Assim, observando a capacidade produtiva e o volume consumido pelo mercado, foi possível fazer o ajuste. A previsão é que, em três anos, a empresa saia dessa situação, um resultado ótimo uma vez que a média da recuperação de empresas no Brasil é de quatro anos. Nesse caso, o negócio está há um ano e nove meses no processo de recuperação e corre tudo dentro do cronograma, ou seja, em três anos estará 100% recuperada. Contudo, o extraordinário desse método é o poder de decisão e os parâmetros claros que disponibiliza para que o gestor possa agir de maneira segura, consciente e consistente.

Desse modo, ao citar exemplos extremos como esse, tenho como objetivo facilitar a sua percepção em relação a sua empresa. Sei que a maioria dos negócios jamais chegará a um estado tão crítico, porém, durante a sua história, provavelmente já seguiu somente o seu *feeling* para tomar as decisões e nem sempre obteve resultados positivos, incorrendo em problemas financeiros que tiraram o seu sono.

Ao colocar tudo o que mostrei em prática, tomando decisões utilizando a ferramenta de custeio variável, você facilitará o seu dia a dia, pois saberá a margem de contribuição do seu negócio e, consequentemente, qual é o impacto que cada real gasto em custo fixo, investimento ou retirada de lucro causa no seu ponto de equilíbrio, ou seja, quanto vai pressionar a sua receita.

Não desista dos seus sonhos! Você pode sair do rascunho e realizar todas as suas ambições, mas precisa ser seguro, consistente e consciente. E, para isso, o método será uma ferramenta potente para auxiliar você nesse processo. Ele é poderoso e consagrado em várias empresas porque traz a tomada de decisão para a razão, retirando o achismo de cena e mudando o mindset do gestor da utilização puramente do seu perfil comportamental e passando para uma tomada de decisão rápida e analítica.

Você é o maior conhecedor do seu negócio. Pode voar com ele tão alto quanto puder sonhar. Porém, para que a gestão da empresa ocorra com segurança, é preciso estar munido com dados corretos e indicadores ágeis. Caso esteja com dificuldades, avalie cada uma de suas contas e utilize o custeio marginal para simular o impacto de diferentes estratégias que você pode executar. Crie um plano de ação e execute-o em partes, mas de modo cirúrgico e constante. Não pare até que o problema esteja solucionado!

Você pode sair do rascunho e realizar tudo o que almeja, basta ter coragem para dar o primeiro passo.

19.

SEJA BEM-VINDO A UMA VIDA DE INDEPENDÊNCIA FINANCEIRA E OPORTUNIDADES!

#investimentos #prosperidade #liberdade

A ssessora de investimentos apaixonada por ajudar pessoas a alcançarem os seus objetivos financeiros, começou sua jornada no mundo dos investimentos há muitos anos, impulsionada pelo desejo de transição de carreira, aliada a muita vontade de empreender e sair do rascunho.

A sua missão é tornar o investimento acessível e compreensível para todos, afinal, investir não precisa ser complicado. Ela acredita firmemente que qualquer um pode aprender a fazer o seu dinheiro crescer.

É defensora da educação financeira e está empenhada em compartilhar o seu conhecimento por meio de palestras, workshops e artigos. Acredita que a educação financeira é a chave para a prosperidade de longo prazo. Como assessora de investimentos, orienta as pessoas em suas jornadas financeiras, ajudando-as a tomar decisões informadas e inteligentes.

Fernanda Dorneles

[instagram] @fernandaadorneles

© Luana Porto

V amos começar com uma história? Certa vez, uma pessoa me procurou porque precisava de ajuda para organizar a sua vida financeira. Era uma mulher de 40 anos que havia acabado de se separar e, na separação, apesar de o marido ser multimilionário, ela ficou apenas com um apartamento pequeno e R$ 400 mil na conta-corrente. O casamento, que durou dez anos, havia acabado e durante todo esse período ela nunca trabalhou. Talvez você esteja chocado, mas essa é uma situação bem comum.

Assim, a partir daquele momento, ela precisava gerar uma renda, algo que fosse fruto do seu trabalho para que pudesse se sustentar e manter um bom padrão de vida. Porém, sem experiência no mercado de trabalho e com a possibilidade de gerar uma renda mensal pequena para custear as suas despesas, fui procurada para auxiliá-la a gerar uma renda extra com os seus investimentos.

A minha primeira pergunta foi se ela tinha um orçamento discriminando as despesas e as receitas. Como eu podia imaginar, ela não tinha essa organização financeira. Também não tinha nenhum conhecimento sobre o mercado financeiro, pois o responsável na família por essa gestão era o ex-marido. Foi então que começamos a aplicar o método que você verá mais adiante.

Primeiramente, organizamos o planejamento financeiro dela, criando um orçamento mensal. Logo em seguida, separamos o valor de R$ 50 mil para a reserva de emergência e colocamos o valor em um Certificado de Depósito Bancário (CDB) de liquidez diária, ou seja, que era possível ser retirado diariamente, com rendimento de 102,5% em cima do Certificado de Depósito Interbancário (CDI).

Identificamos o perfil do investidor ao qual ela se enquadrava: conservador. Depois de toda a organização, pensamos em investimentos seguros e de baixo risco que pudessem gerar para ela uma renda passiva complementar, se necessário. Colocamos R$ 100 mil investidos nos seguintes produtos: Letra de Crédito Imobiliário (LCI) e Letra de Crédito do Agronegócio (LCA), que são títulos de renda fixa isentos de imposto de renda, que financiam projetos imobiliários e do agronegócio, respectivamente. Já em fundos de investimentos em renda fixa, que investem em títulos de dívida, como CDBs e títulos públicos, colocamos o restante do valor.

Com isso, ela conseguiu se organizar e fazer o dinheiro trabalhar para ela, gerando uma renda mensal extra, já que também se recolocou no mercado de trabalho para custear as suas despesas. Além disso, ela não precisou retirar o investimento por mais de doze meses, fazendo a bola de neve dos juros compostos trabalhar com o fator tempo e pensando no seu futuro financeiro com liberdade e independência.

Veja que escolhi começar contando essa história porque quero que você entenda o poder da liberdade financeira. No caso dessa cliente, tínhamos um investimento inicial para organizar, porém todas as pessoas precisaram ou precisarão, um dia, dar o primeiro passo. E isso é fundamental.

Em minha experiência, percebo que as pessoas evitam ingressar no mundo dos investimentos pois enfrentam diversos desafios e obstáculos. Alguns dos maiores problemas incluem a falta de conhecimento e a falta de um planejamento financeiro. O desconhecimento sobre os princípios básicos de investimento é um grande entrave. Já a analfabetização financeira do brasileiro nos deixa sem uma base sólida, o que pode levar a decisões financeiras desinformadas e arriscadas.

Outro ponto de atenção é que muitas pessoas investem sem um plano financeiro abrangente que leve em consideração os seus objetivos de longo prazo, sua tolerância ao risco e seu horizonte de investimento. Isso pode resultar em estratégias descoordenadas e ineficazes. Uma situação comum que exemplifica bem isso é que a caderneta de poupança é o investimento mais popular no Brasil há gerações. No entanto, essa opção não oferece os maiores retornos financeiros, especialmente em comparação com outras opções de investimento também consideradas conservadoras.

Outra situação muito comum é a mentalidade de depender apenas do governo como fonte de aposentadoria. Não é aconselhável confiar apenas no INSS para a aposentadoria devido à insuficiência dos benefícios, incertezas decorrentes do envelhecimento da população, possíveis mudanças nas regras do INSS, riscos de inflação, limitações de investimento e falta de independência financeira. Diversificar as fontes de renda por meio de investimentos, previdência privada e outras opções é fundamental para garantir um futuro financeiro mais seguro e confortável.

Desse modo, a capacidade de investir e fazer o dinheiro crescer é imprescindível para assegurar um futuro financeiramente estável e confortável. No Brasil, sempre convivemos com a inflação, que constantemente diminui o nosso poder de compra ao longo do tempo, então investir adequadamente é essencial para superar a inflação e garantir que o dinheiro permaneça com o seu real valor.

Saiba que o conhecimento sobre investimentos oferece independência financeira. E as pessoas podem tomar decisões informadas e não precisam depender exclusivamente de empregadores, governos ou sistemas de previdência social para o seu sustento. Investir pode criar uma rede de segurança financeira em caso de emergências, como despesas médicas inesperadas ou perda de emprego. Seja comprar uma casa, pagar a educação dos filhos, viajar ou se aposentar cedo, o conhecimento sobre investimentos é vital para atingir objetivos financeiros de longo prazo. Além disso, esse hábito pode levar à geração de renda passiva, essencial para a aposentadoria. Aqui no Brasil também não pensamos em sucessão patrimonial, mas se você acumular patrimônio durante a vida e investir sabiamente, poderá deixar um legado financeiro para a sua família.

E como investir envolve riscos, o medo pode ser paralisante em muitos casos. Algumas pessoas têm medo de perder dinheiro em investimentos e isso pode levá-las a manter o seu patrimônio em contas de poupança e, em casos mais extremos, a deixar o dinheiro guardado em casa, em vez de buscar oportunidades de crescimento financeiro.

Percebo também que a frustação é outro fator determinante nesse processo de negligenciar os investimentos. Muitas pessoas se sentem frustradas por não saberem como fazer o seu dinheiro crescer ou por não entenderem os princípios dos investimentos. Diante disso, nem começam o processo.

Também temos a ganância, que frequentemente influencia as decisões de investimentos. Isso pode levar a comportamentos impulsivos, como comprar ou vender ações no momento errado. Ela também resulta na crença de "fórmulas mágicas" de enriquecimento rápido, levando as pessoas a caírem na armadilha de esquemas como pirâmides financeiras, em vez de adotarem uma abordagem de investimento sólida e consistente.

Assim, não posso deixar de mencionar também que tudo isso é impulsionado pela influência da mídia e das redes sociais, que podem levar as pessoas a tomarem decisões de investimento com base em modismos ou notícias de última hora. Frequentemente, vemos na mídia golpes que oferecem ao investidor uma rentabilidade garantida ao mês de até dez vezes mais do que as instituições financeiras pagam baseadas na taxa de juros básica do país, que é a Selic.

Por fim, um dos fatores que mais influenciam a falta de decisão no sentido de buscar conhecimentos em investimentos é a procrastinação. Muitas pessoas adiam o início de seus investimentos porque acham que é algo que podem fazer mais tarde. Alguns veem esse mundo como complexo e cheio de jargões, o que pode ser desanimador. E outros têm agendas lotadas e acham que não têm tempo para aprender ou acompanhar os seus investimentos.

Nessa equação, um dos aliados é a falta de disciplina, pois manter uma estratégia de investimento a longo prazo requer constância e cuidado. Para investir e crescer patrimônio, é preciso guardar dinheiro regularmente (uma etapa fundamental antes de começar a investir), e algumas pessoas têm dificuldade em fazer isso. Outras não conseguem resistir à tentação de modificar os investimentos em resposta a flutuações de curto prazo no mercado.

Então veja que aqui já temos uma grande sacada para que você possa investir em sua liberdade financeira. Não basta apenas colocar o dinheiro em uma carteira; é preciso cuidar do que está ali pois investimentos de sucesso exigem tempo para que os juros compostos façam a sua mágica. No entanto, se os resultados não chegam rapidamente, a maioria fica desanimada e desiste. Esse é o erro! É preciso paciência no processo de acumulação financeira por meio dos investimentos.

Assim, o segredo para o sucesso financeiro está em entender que o seu dinheiro pode trabalhar para você, e a jornada começa com aprendizagem e investimento sábio. Precisamos agir de maneira consistente em direção à independência financeira. O verdadeiro segredo não é apenas entender o conceito, mas aplicá-lo de modo constante e deliberado em sua vida financeira.

Ao aprender a fazer o seu dinheiro trabalhar para você, você não apenas cria uma fonte de renda adicional, mas também obtém liberdade financeira e a capacidade de alcançar os seus objetivos. Isso pode significar a possibilidade de se aposentar mais cedo, ter mais recursos para investir em projetos pessoais ou dar uma educação de qualidade para os seus filhos. A transformação que essa abordagem pode proporcionar é a capacidade de criar segurança financeira, independência e, em última instância, liberdade para moldar a sua vida de acordo com os seus próprios termos. É sobre liberar o potencial do seu dinheiro para que ele trabalhe para você, permitindo que você alcance os seus sonhos e objetivos.

Separei, portanto, alguns passos que você pode começar a colocar em prática hoje mesmo. Veja cada um deles a seguir e não deixe de anotar os seus insights.

1. UM COMPROMISSO COM VOCÊ – E COM A EDUCAÇÃO FINANCEIRA

Inicie um compromisso pessoal para aprender sobre finanças pessoais e investimentos. Reserve trinta minutos todas as noites para ler um livro sobre educação financeira ou assistir a vídeos educacionais sobre investimentos no YouTube.

2. DESENVOLVA UM PLANO FINANCEIRO

Crie um orçamento mensal que liste todas as suas despesas, como aluguel, contas, compras de supermercado e lazer.

Um bom método para auxiliar esse processo chama-se 50/30/20, que foi desenvolvido pela professora de Direito e atual senadora estadunidense Elizabeth Ann Warren.

Ele divide a sua renda líquida mensal em três partes: 50% devem ser gastos com o que chamamos de essencial, como alimentação, moradia, saúde, transporte e estudos. 20% destinados para investimentos e pagamento de dívidas; e 30% para desejos pessoais, como lazer, assinaturas, jantares etc.

3. ORGANIZE-SE

Se você possui dívidas, é importante que faça um planejamento para quitá-las antes ou enquanto investe. Corte gastos em seu orçamento para que isso seja possível.

4. MONTE A SUA RESERVA DE EMERGÊNCIA

Essa reserva é um montante de dinheiro que deve ser mantido em investimentos de alta liquidez para cobrir gastos imprevistos. Para montá-la, defina o valor necessário para cobrir ao menos seis meses de gastos essenciais e invista em produtos com resgate diário, como CDBs com rendimento de pelo menos 100% do CDI, Tesouro Selic ou Fundos DI.

5. ESTABELEÇA METAS FINANCEIRAS CLARAS

Defina uma meta em valores (como R$ 200) para economizar por mês de acordo com a sua realidade. Comece mesmo com pouco e vá se organizando para o futuro.

Corte um zero se necessário na aplicação do valor ao investir, mas não deixe de realizá-lo.

6. SEJA CONSISTENTE

Abra uma conta de investimento em um banco de investimento ou corretora. Mesmo pequenas quantias investidas de forma consistente podem crescer ao longo do tempo. Configure uma transferência automática mensal da sua conta corrente para uma conta de investimento. Dessa forma, você investe regularmente sem pensar muito a respeito.

7. IDENTIFIQUE O SEU PERFIL DE INVESTIDOR

Ele é definido pelas suas preferências, objetivos e tolerância aos riscos do mercado. Responder as perguntas a seguir pode auxiliar você nesse processo:

- ▸▸ Por quanto tempo tem a intenção de deixar o dinheiro aplicado?
- ▸▸ Qual é o objetivo do investimento?
- ▸▸ O quanto você entende de mercado financeiro?
- ▸▸ Qual é a sua relação com risco?

8. COMECE PELOS INVESTIMENTOS CONSERVADORES E DE BAIXO RISCO

O Tesouro Direto é um programa do governo que permite investir em títulos públicos. Existem opções de títulos de baixo risco, como o Tesouro Selic, que acompanham a taxa básica de juros e oferecem segurança. Esse investimento é adequado para iniciantes ou para quem está mais preocupado com a segurança de seus recursos.

9. QUER SABER MAIS?

Gostaria de deixar como dica de leitura o livro *O rei dos dividendos*,[1] para aqueles que querem saber mais sobre o assunto e possuem um perfil mais arrojado como investidor. O autor Luiz Barsi Filho é mentor e cliente do nosso escritório.

O conteúdo da obra objetiva incentivar o investimento na geração de riqueza e a compor uma carteira de renda mensal com ações de empresas que pagam bons dividendos. Barsi teve uma infância pobre, mas começou a investir no fim de 1960. Passou por diversas crises e planos econômicos, e prosperou em quase todos os momentos. Criou o jeito próprio de investir no mercado de bolsa de valores, avesso à especulação e amparado nos fundamentos das empresas das quais decidiu se tornar sócio por meio da compra de ações – e de olho nos dividendos pagos por elas. Com

---

1   BARSI FILHO, L. **O rei dos dividendos**: a saga do filho de imigrantes pobres que se tornou o maior investidor pessoa física da bolsa de valores brasileira. Rio de Janeiro: Sextante, 2022.

disciplina e paciência, se tornou o maior acionista pessoa física da bolsa de valores brasileira.

Percebe quão longe você pode chegar? Não subestime o poder da ação consistente.

O seu sucesso nos negócios e na vida financeira depende da aplicação prática do conhecimento que adquire. Então comece devagar, dê um passo de cada vez e mantenha o foco em seus objetivos. Não se desanime com os obstáculos ou desafios, pois cada passo em direção às suas metas é uma vitória. Lembre-se de que a mudança leva tempo, mas a consistência é a chave para o progresso.

Se o pensamento de desistir passar minimamente pela sua cabeça, faça isso:

1. **Lembre-se de seus objetivos**: relembre os objetivos que o inspiraram a começar. Visualize o que deseja alcançar, seja uma aposentadoria tranquila, a realização de um sonho ou a estabilidade financeira.

2. **Quebre em passos menores**: às vezes, os objetivos financeiros podem parecer esmagadores. Quebrá-los em metas menores e alcançáveis torna o processo mais gerenciável e menos intimidante.

3. **Celebre as pequenas conquistas**: reconheça e celebre as pequenas vitórias ao longo do caminho. Isso o manterá motivado e mostrará que você está progredindo.

4. **Mantenha-se informado**: continue estudando e atualizando seu conhecimento financeiro. Isso pode aumentar sua confiança e motivação.

5. **Busque apoio**: compartilhe os seus objetivos com amigos, familiares ou um mentor financeiro. Ter um sistema de apoio pode mantê-lo responsável e motivado.

6. **Tenha uma visualização positiva**: imagine o seu sucesso financeiro e como se sentirá quando alcançar os seus objetivos.

7. **Mantenha-se flexível**: lembre-se de que os planos financeiros podem exigir ajustes à medida que sua vida evolui. A flexibilidade é importante para lidar com mudanças e desafios.

Quero fechar este momento apontando que cada jornada começa com um único passo, e o caminho para o sucesso financeiro é construído dia a dia. Assim, seja corajoso, aja com confiança e persistência, e saiba que as suas escolhas financeiras de hoje podem moldar um futuro mais próspero e gratificante. Nunca subestime o poder da educação financeira e da ação consistente. Cada pequeno esforço, por menor que pareça, vai lhe aproximar dos seus objetivos financeiros. Cada obstáculo superado é uma oportunidade de crescimento.

Lembre-se de que o medo é apenas uma barreira temporária. Siga adiante, mesmo quando as dúvidas e os desafios aparecerem no caminho. O sucesso financeiro é um resultado da sua determinação em aprender, planejar e, mais importante, agir. Acredite em si mesmo e no seu potencial para conquistar a independência financeira. Esse é o passo inicial que você dá em direção a uma vida financeira mais segura, gratificante e realizada. Você é capaz de fazer o seu dinheiro trabalhar para você e alcançar o sucesso financeiro que deseja.

20.

TENHA CORAGEM PARA TOMAR DECISÕES

É empreendedora, consultora e mentora de organização financeira empresarial. Formada em Administração e especialista em Gestão Financeira, é fundadora da Troian Serviços Administrativos, empresa atuante no mercado há mais de sete anos, com expertise em tangibilizar resultados e crescimento financeiro para empresários e seus negócios por meio da organização, otimização e gestão dos recursos disponíveis.

Rafaela Troian

@rafaela.troian

© Diego Frigo

Quero começar estas primeiras frases deixando uma reflexão importante. Mas, para responder, quero que você seja sincero. Quero que respire e pense com seriedade. Então, olhe para a sua vida hoje e responda: você tem a vida financeira que sempre sonhou? Tem os resultados que almejou? Chegou ao patamar que gostaria de chegar? Seja sincero! Caso a sua resposta tenha sido "não", ou até mesmo se você tiver respondido "sim", convido você a ficar aqui comigo para ter coragem para tomar as decisões certas que o levarão ao próximo patamar financeiro de sua jornada. Quero apresentar um passo a passo poderoso, que vai ajudá-lo a transformar a sua mentalidade e percepção. Entretanto, precisamos falar antes sobre o cenário que nos cerca para entender por qual motivo é tão importante mudar.

A falta de coragem das pessoas de se posicionar na vida e refletir sobre quem querem ser e o estilo de vida que desejam é algo que me causa profunda indignação. É inconcebível a ideia de que um ser humano, ao ter a consciência de que a vida é finita, não utilize o maior ativo que possui, o tempo, para construir a vida dos seus sonhos. Para construir dias melhores que poderão ser aproveitados com quem ama, com quem é importante. E isso pode ser comprovado pelos arrependimentos comuns citados pelas pessoas em seu leito de morte.

O que nos leva ao segundo problema: boa parte dessas mesmas pessoas acredita que a sua condição financeira é o fator determinante para não possuírem uma boa vida. Como se o dinheiro fosse o impeditivo para as escolhas simples e básicas de um ser humano, aquelas que são capazes de alterar o rumo da vida para todo o sempre.

Além disso, precisamos ser francos e verdadeiros: todo ser humano deseja ter dinheiro, até mesmo os que acreditam que dinheiro não traz felicidade. Até mesmo esses, em seu íntimo, sabem que esse recurso econômico melhoraria infinitamente as suas emoções por não ser mais um motivo de estresse e passar a ser certo tipo de proteção, que impactaria positivamente a qualidade de vida e as relações sociais. De uma forma mais direta, todos querem obter esse recurso por acreditarem ser a solução de suas vidas, ao mesmo tempo em que não sabem o que querem fazer com a própria vida. A verdade é que as pessoas não sabem interpretar as regras do jogo para ganhá-lo.

Por outro lado, o que é preciso perceber é que o ganho financeiro é oriundo das movimentações feitas com o tempo. O tempo é um ativo, então, se utilizado e investido com sabedoria, produzirá o retorno financeiro tão desejado. Enquanto segue o plano e alinha a vida, o dinheiro vai surgindo como consequência. Ele está em movimento, e não em inércia. É uma constatação de que primeiro precisamos ser protagonistas da própria vida para, consequentemente, gerarmos o recurso financeiro.

Assim, se as suas condições financeiras atuais incomodam você, se gostaria de estar vivendo em outra realidade, as perguntas que devem ser feitas são: quais são as decisões e os movimentos que faço hoje para alcançar a vida que profundamente desejo e mereço viver? O que eu estou fazendo agora que resultará na vida que eu desejo estar vivendo quando atingir uma idade mais avançada? Como uso o meu tempo para alavancar os meus ganhos financeiros?

Essas respostas são fundamentais, mas sei que só tomamos a decisão de agir e fazer os movimentos necessários que resultarão em ganhos diferentes quando odiamos genuinamente a atual condição financeira em que nos encontramos. Infelizmente, essa é a lógica. Mas ela pode mudar.

Nesse processo, a frustação é o maior dos sentimentos que a inércia de viver em círculos pode causar. Falaram para você, para mim, para nós, que trabalhar muito e de maneira maçante seria o suficiente. Que seguir a cartilha de condutas imposta pelo sistema societário seria o suficiente. Porém, quem já alcançou a fase adulta sabe que essa é uma cruel ilusão.

É nesse momento que a frustação nasce e começa a causar uma dor como se mil facas estivessem cortando a sua pele ao mesmo tempo. Porque você percebe que o tempo passa cada vez mais veloz, que você possui uma jornada exaustiva de trabalho CLT, há anos na mesma rotina, e o tão sonhado enriquecimento não se formou. Você ainda está no mesmo lugar.

Essa frustação é acompanhada frequentemente pelo sentimento de incapacidade, pois você inicia a observar outras pessoas e começa a se questionar: *o que eles têm de diferente de mim? Por que a vida para eles é mais leve? Por que trabalho tanto e não possuo os mesmos resultados financeiros? O quão incapaz eu sou?* Esse sentimento vai tomando conta da nossa mente e começa a sabotar o que de mais valioso nasce dos nossos pensamentos: a capacidade de agir diante de uma realidade na qual não queremos mais estar.

Mas saiba que a culpa disso tudo não é sua. Você foi ensinado dessa forma pois quem educou você sobre a relação com o dinheiro também recebeu essa modelagem financeira como ensinamento. Infelizmente, isso é cultural. Você foi educado para ter o suficiente para viver e só. Qualquer desejo a mais passa a ser ganância.

Nós somos influenciados inconscientemente o tempo todo pela roda de amizades, pelos nossos pais, por mentores, pela religião, pelos grupos dos quais fazemos parte. Todos os costumes e crenças inseridos dentro de cada cenário vão reconfigurando a nossa mentalidade e, por consequência, os nossos pensamentos e hábitos financeiros. Então perceba que, se você convive com uma pessoa de pensamentos medíocres, que acredita que enriquecer de maneira lícita é impossível, indiretamente a sua mente começará a acreditar nisso também, mais uma vez bloqueando o seu poder de ação e de decidir o que você deve fazer para iniciar a construção de uma vida melhor.

Preso dentro dessa bolha, você pode até pensar em fazer diferente, em se encorajar e fazer acontecer os seus objetivos, mas como lhe foi ensinado um caminho totalmente oposto, você tem medo de furar a bolha, pois está instaurado na sua mente que isso é errado e, se o fizer, sofrerá duras punições.

Conte para mim! Você se sente assim? Tem medo de estourar a bolha na qual está inserido? Talvez seja algo inconsciente, mas podemos mudar isso. Como? A partir do momento em que você decide criar a vida que sempre desejou com comprometimento e constância. E então os resultados trarão surpresas. Mas somente decidir não é suficiente, é necessário selar um comprometimento total com essa decisão. Ela será, a partir de agora, o guia para todas as suas escolhas, facilitando inclusive quando você dirá "não" e "sim" para as mais diversas situações que surgirem.

A decisão carrega o peso da liberdade, pois a partir dela você criará dois caminhos diante de qualquer situação que precise de escolhas. Basta se questionar: essa escolha me aproxima ou me afasta do objetivo decidido? Não fica mais leve assim?

Decisão tomada e comprometimento assinado, agora é preciso saber que a colheita exige certo tempo de plantio, portanto é uma decisão praticada diariamente. A constância deve prevalecer. Para ajudar você, separei alguns passos fundamentais que vão guiá-lo nessa jornada. Vamos lá!

1º PASSO: AUTODIAGNÓSTICO

O primeiro passo é fazer um autodiagnóstico profundo. Nesta fase, você vai se descobrir, entender realmente o que habita dentro de você. Vai tomar consciência do seu nível intelectual e do que gostaria de mudar, vai se auto-observar por um tempo e compreender por que age da forma que age, quais são as suas reações em casos parecidos; vai se autoavaliar e buscar a raiz desses comportamentos.

2º PASSO: EU × DINHEIRO

No segundo passo você identificará qual é a sua relação com o dinheiro. Fará um mapeamento do modelo financeiro que lhe foi ensinado e como isso afeta a forma como administra esse recurso atualmente. Coloque aqui frases que sempre ouviu, seja no âmbito religioso ou familiar. Relembre quem lhe ensinou sobre fazer dinheiro e veja os resultados dessa pessoa atualmente, isso é muito importante para ampliar sua percepção.

3º PASSO: UM PLANO

O terceiro passo, após o diagnóstico e a descoberta do modelo financeiro, é definir um plano de vida: quem você quer se tornar? Aonde deseja chegar? Quantos recursos financeiros vai precisar para uma velhice tranquila? Onde e como está hoje? O que precisa fazer para chegar aonde quer e ser quem deseja se tornar? O quão distante está dos seus objetivos? Responda a todas essas perguntas.

4º PASSO: ESTRATÉGIA

O quarto passo é definir as estratégias que levarão você aos objetivos traçados. É importante criar as estratégias como uma teia de aranha, ou seja, amarrando todos os pontos com a visão sistêmica. Quem são as pessoas com quem você precisa se conectar, o conhecimento que precisa buscar, se existe a vontade de empreender, se pulsa dentro do seu coração esse sentimento, como vai iniciar esse negócio. Faça esse levantamento e amarre todas as pontas.

5º PASSO: CAMPO DE BATALHA

O quinto passo é o meu preferido, chamado carinhosamente de "campo de batalha", pois é a execução do planejamento por meio das estratégias definidas. No campo de batalha, você vai se expor à luta e aqui vence quem dá o seu melhor. Portanto, é sangue nos olhos e fome de vencer, todos os dias.

6º PASSO: PREPARE A SUA MENTE

Por fim, é importante preparar a mente para estar ciente de que, provavelmente, muita coisa vai dar errado, muitos percalços vão surgir, mas será a sua determinação que vai ajustar o planejamento, alterar e melhorar a estratégia. Essa vontade fará você vencer a luta diária contra si mesmo, contra os seus medos, contra a autossabotagem.

E se você está achando que comigo não foi assim, saiba que está errado. Foi com a coragem de criar a vida desejada, de colocar em ação os meus sonhos e por meio dessa linha de raciocínio que, em 2014, com o sentimento empreendedor gritando mais alto dentro mim, decidi solicitar o desligamento da grande empresa em que trabalhava com plano de carreira e retornar para o pequeno negócio dos meus pais. Onde, dos 8 aos 18 anos, trabalhei como mecânica ao lado do meu pai.

Mas, dessa vez, retornei com toda a bagagem e experiência para assumir de vez a administração do negócio e implantar um modelo de gestão financeira de resultados, o qual mais tarde viria a se tornar a minha metodologia de organização financeira empresarial. Nessa época, a empresa estava passando por um sufoco financeiro: eles estavam exaustos de tanto trabalhar e não ver o crescimento financeiro merecido.

Iniciaram o negócio com muita garra e vontade de fazer acontecer, mas os anos passaram e eles nunca saíram do operacional. Foram muitas discussões – afinal, gerenciar um negócio familiar, com visões bastante diferentes, não é nada fácil – até eles entenderem que a falta de organização financeira estava, pouco a pouco, consumindo o negócio que eles tanto sofreram para construir.

Foi ali que encarei o campo de batalha e, por meio da organização dos processos financeiros e da implantação de gestão com foco em resultado, obtivemos uma alavancagem financeira com recursos próprios de 73% em pouco mais de trinta dias. Os resultados foram tão expressivos que nasceu, ali, o meu próprio negócio: a Troian Consultoria Financeira. Com o impacto positivo de gestão, outras empresas iniciaram a demanda pelo meu conhecimento e, desde então, auxilio empresas e seus gestores, além de profissionais autônomos e liberais, a implantar uma administração assertiva em seus negócios, levando-os a resultados tangíveis e gerando crescimento por meio da organização financeira.

Então perceba que, a partir do meu exemplo, você também pode decidir entre usar o seu maior ativo – o tempo – para ser o protagonista da sua própria história ou ser o coadjuvante na história de outras pessoas. Pode optar por construir uma vida de significado ou simplesmente passar pelo plano carnal sem agregar em nada. Ou, como diria o meu avô, alguém sem propósito e sem missão de vida.

O mundo abre portas para as pessoas que decidem com coragem pela execução, pela ação, para aqueles que decidem entrar no campo de batalha e vencer as próprias lutas.

A qualidade de vida, o resultado financeiro que você deseja ardentemente, o propósito de vida, os milhões na conta, as viagens, os bons restaurantes, a boa vida, o provento e proteção para a sua família, o sucesso, o reconhecimento: tudo isso só será possível para aqueles que decidirem fazer acontecer com as condições que possuem.

Assim, ouça a sua voz interior, prepare a sua mentalidade para a abundância e tenha fome de crescimento. E se ainda ficar em dúvida, pense nisso: qual é a história que você quer contar para si mesmo quando estiver bem velhinho? Qual é o legado que está construindo? O tempo de começar é agora!

A coragem é a mais poderosa de todas as virtudes, ignorada pelos medíocres e idolatrada pelos vencedores. A coragem de ser quem se é, de transformar os sonhos em objetivos e torná-los realidade. A coragem de tomar decisões e comprometer-se com elas é a chave da liberdade para uma vida digna, repleta de propósito e sentido.

Então, com coragem, vá em frente!

21.

VALORIZE A SUA PRIMEIRA IMPRESSÃO:

VOCÊ É ÚNICO! APRESENTAÇÃO VISUAL FACIAL PARA AUTOESTIMA E NEGÓCIOS

É natural de Manaus (AM) e gaúcha de coração. É a tia dindinha da Jaqueline, da Isabela e da Júlia. É cirurgiã-dentista, mestre em Diagnóstico Genético, especialista em Implantodontia e Prótese Dentária, harmonizadora orofacial, autora de artigos científicos e de capítulos de livros e ganhadora de prêmios internacionais.

Clarissa Celestino

@dra.clarissacelestino
@draclarissacelestino
Dra. Clarissa Celestino

© Igor Azevedo

Você sabia que a primeira impressão que causamos é muito importante? Segundo estudos recentes, nossa expressão não verbal é a mais valorizada por quem nos observa e se relaciona conosco pela primeira vez. É a mensagem silenciosa que passamos que mais importa. E você nem imagina como um sorriso muda a nossa vida. Os traços da nossa face dizem muito sobre quem somos e a trajetória que percorremos. Por isso, tenho como missão e propósito ajudar a elevar a confiança e autoestima com saúde e beleza, permitindo que você cause sua melhor primeira impressão para você mesma e para aqueles que se relacionarão com você.

Muitas pessoas que me procuram têm marcas do sofrimento de terem perdido os dentes de maneira traumática, e os reflexos dessas perdas ficam estampados no rosto e na alma. Sentem vergonha, medo e tristeza. Estão insatisfeitas com o seu sorriso e com o seu rosto envelhecido e marcado. Têm vergonha de sorrir e de falar, se escondem atrás dos cabelos e cobrem a boca ao sorrir. Infelizmente, isso é muito comum.

Em determinado momento, atendi uma senhora que teve a perda precoce de seus dentes na adolescência, e, de lá para cá, não sorria mais, levantava apenas o canto da boca. Ela simplesmente não sabia sorrir! Tentou recuperar o sorriso com próteses e implantes, mas as cirurgias não foram bem-sucedidas. As próteses ficaram soltas e o constrangimento aumentou. O resultado? Depressão, pânico de supermercado ou de qualquer ambiente com muitas pessoas. Com o tempo, ela até deixou de frequentar a igreja.

Foram anos de tentativas frustradas até que chegou na clínica, levada pela filha. Compreender, ter empatia, acolher a dor e a tristeza com amor foi fundamental; assim como mostrar que existe solução, com muito carinho e gentileza. Realizei a cirurgia de implantes com sedação, para que fosse mais confortável e menos traumático, e assim o seu tratamento dentário foi concluído com sucesso.

No retorno de manutenção, ela já sorria escancaradamente de felicidade e satisfação. O semblante mudou e a energia também! Nesse momento, iniciamos a recuperação da face, que por tantos anos expressou sofrimento, se enrugou e envelheceu de dor por traumas físicos e psicológicos. Foi aí que renasceu aquela jovem perdida, agora uma mulher madura, com a face correspondendo ao sorriso e ao espírito renovados. Sua filha, emocionada, me mostrou um vídeo dela e da neta dando gargalhadas, brincando no parquinho e indo à missa para agradecer. Agora, ela estava vivendo a sua essência com a segurança, a felicidade e a autoestima renovadas.

Percebe agora o poder de um sorriso? De uma face recuperada da dor e do sofrimento? A realidade é que a vergonha, o medo e a insegurança com a aparência são constantes em minha rotina. Por isso, acolher com amor, recuperar o sorriso, a saúde e a autoestima por meio da boca e de tratamentos faciais é libertador para todos. Esse é o meu propósito! Sempre vejo uma grande mudança de postura, de confiança, que traz melhoras em todos os aspectos da vida pessoal, amorosa, financeira e espiritual.

E sabe por qual motivo isso é fundamental e por que precisamos falar sobre? A correção do sorriso com dentes claros, bonitos e saudáveis, a melhora da aparência do rosto recuperando a jovialidade perdida ou a harmonizando dos traços da face têm o poder de recuperar e aumentar a confiança, o amor-próprio, a segurança nas atitudes, a saúde física e mental, os relacionamentos afetivos e de trabalho e a qualidade de vida. Isso tudo é muito poderoso!

Quando você enxerga a sua melhor versão no espelho, as mudanças ocorrem espontaneamente, modificando as crenças sobre si mesmo e sobre as suas atitudes e a percepção acerca de tudo o que o rodeia, oxigenando a vida. É uma mola propulsora que se reflete no cuidado com a sua saúde física e com o seu espírito, que aumenta o estímulo para buscar a felicidade, realizar sonhos e potencializar a sua energia. Em outras palavras, a vida ganha brilho e força.

Perceba que é impossível que as mudanças não sejam notadas pelos outros, seja por elogios ou manifestações públicas, refletindo na vida em família, com amigos, no trabalho, no lazer e, inclusive, na maneira de se vestir e andar. A capacidade de tomar decisões que foram postergadas por anos, a certeza das atitudes a serem tomadas para efetivamente conquistar sonhos e sair do rascunho, em prol da felicidade e do crescimento próprio e daqueles que o rodeiam, gerando efeitos extremamente positivos em todos. A vida ganha muito mais brilho com um olhar mais amoroso e objetivo sobre aquilo que realmente se busca: a felicidade plena.

Ou seja, ter esse cuidado é fundamental. Na falta dele, temos depressão, tristeza, falta de objetivos, insegurança, falta de clareza no propósito de vida, medo da vida e do julgamento dos outros, medo de sorrir, de viver, de falar e expressar as nossas opiniões e ideias, amor-próprio inexistente, vida afetiva fria, sem brilho no olhar, viver por viver, sem relacionamentos novos, sem profundidade, fobia social, problemas digestivos e emocionais, uso compulsivo de remédios, dores físicas e emocionais... Ufa!

A lista é enorme e importante de ser citada. Se você fizer uma conexão, perceberá que muitos desses sintomas apareceram na história que contei no início do capítulo.

As pessoas que não se sentem seguras com o próprio sorriso e rosto acabam ficando sem planos e metas, sem vontade de trabalhar, sem objetivos claros, isto é, com pouca alegria na vida. Sorriem pouco, falam pouco, não querem chamar a atenção, evitam se olhar no espelho, não gostam de se relacionar, têm medo de ambientes cheios e vivem um eterno estado de constrangimento. Em geral, se retraem e se escondem ao máximo, usam desculpas para não ter convívio social, são dependentes de outros familiares para tomar decisões. Não argumentam, só reclamam e se queixam da vida. Tristeza e angústia fazem parte do dia a dia, além do sofrimento e da melancolia. Para eles, a vida é ruim, a culpa é sempre dos outros que não os compreendem. Desenvolvem muitas vezes fibromialgia ou problemas físicos, dores articulares, problemas de coluna e dores nas costas, porque carregam o mundo em cima de si mesmas.

Se você acha que esses sintomas fazem parte da vida de poucos, quero mostrar como algumas coisas que aconteceram ao longo da nossa vida podem ter afetado em algum grau a nossa percepção em relação ao próprio sorriso.

O bullying quando criança, devido aos dentes tortos ou à aparência facial, muitas vezes afeta toda uma jornada. A falta de dentes devido a um acidente ou a um mau tratamento odontológico, assimetria facial, crescimento insatisfatório dos ossos da face, queixo grande ou pequeno demais, nariz desproporcional à face ou até um acidente que envolva o rosto em alguma fase da vida: todas essas são causas comuns para esses problemas. Existe também a assimetria facial de nascença, o que traz a vergonha e o medo de se expor ao julgamento dos outros.

Fato é que a desinformação, o medo ou o trauma gerado pelos tratamentos anteriores criam uma barreira para o novo. Essa barreira cresce à medida que a pessoa envelhece e os problemas aumentam de proporção. Existe o bruxismo tensional, as fraturas dentárias, os dentes mais tortos e escuros e a face envelhecida. Tudo isso vai tornando a vida mais opaca e sem brilho. Até existe a vontade de mudar, mas ela tende a diminuir enquanto as dores físicas tendem a aumentar.

Mas tudo isso tem solução, e o primeiro passo é recuperar o sorriso de uma maneira eficiente, definitiva, moderna, rápida e indolor. Assim, recuperamos a saúde bucal, que se reflete na saúde geral, com melhora nas funções do sistema digestório e também com modificações no sono e na produção de endorfinas e serotoninas, gerando mais felicidade e equilíbrio hormonal. Depois, partimos para a recuperação da face, corrigindo as assimetrias e melhorando a qualidade da pele, devolvendo a jovialidade perdida.

O resultado é realçar a sua beleza singular, que é única! Muitas vezes, atuo somente na face com procedimentos pontuais que equilibram e harmonizam o rosto, realçando os traços positivos, trazendo a melhor versão dos meus pacientes à tona. E isso faz toda a diferença! É preciso amar-se e sorrir escancaradamente para a vida, com a face iluminada de vitalidade, beleza singular, harmonia e saúde, para realizar sonhos e atingir aspirações com clareza e objetividade.

As mudanças necessárias para realizarmos nossos sonhos e termos uma vida plena de conquistas passa pela elevação da autoconfiança. Ao entendermos a importância de nos olharmos no espelho e amarmos a imagem refletida, tudo muda: geramos o desejo de cuidar do nosso corpo e do nosso espírito, e o amor por todos que nos rodeiam cresce absurdamente.

Impossível não perceber as mudanças de comportamento e de energia que nos cercam. Surge uma onda de novas ideias, oportunidades, relacionamentos pessoais na vida e nos negócios. É uma nova postura frente à vida. Seus desafios são superados com energia e clareza e novas soluções vêm ao nosso encontro. O desejo pela superação é arrebatador. A confiança, o crescimento e a valorização pessoal aumentam. A saúde física e a mental melhoram significativamente, novas portas se abrem, novas perspectivas, nosso mapa mental se amplia, o desejo pela vida plena de realizações se fortalece.

Por isso, para que você possa mudar essas questões em sua vida ou ajudar a quem precisa, separei um passo a passo que o guiará em direção à beleza única e singular que existe em você.

PASSO 1

É preciso identificar qual é o motivo que impede você de se sentir mais feliz com a sua aparência, sua face e seu sorriso. Você tem real percepção daquilo que lhe deixa desconfortável com o seu sorriso e face? Já analisou essa questão profundamente?

Olheiras, pele, sono difícil, dentes tortos, apneia do sono, mau hálito, dentes amarelos, gengiva muito aparente, dentes escuros e pequenos, falta de dentes, dentes quebrados, desgaste dos dentes, dificuldade de mastigar ou espaços entre os dentes? Queixo grande ou pequeno, papada, pele manchada, face derretida, bochechas grandes ou caídas, cicatrizes de acne, paralisia facial causada por algum acidente ou problema de saúde, sorriso torto, lábios finos e enrugados, rugas na testa, cara de preocupação, peso no olhar, dores de cabeça ou dores na face, nariz com a ponta caída ou com saliências e reentrâncias?

Todas essas questões precisam ser analisadas e podem ser corrigidas para que você se ame ao olhar-se no espelho, para que sinta esse amor transformando-se em cuidado com aquilo que você deixa entrar pela sua boca e pelos seus pensamentos. Alimentação saudável, rotina de exercícios e cuidados com você acabam acontecendo como consequência das suas escolhas e geram uma mudança de fisionomia, atitude e amor-próprio. Tudo isso trará benefícios imensos, com mais energia e determinação, para que você realize os seus sonhos e busque a vida que merece.

PASSO 2

É necessário aceitar o cronograma de tratamento e controlar a ansiedade. Toda transformação no sorriso e na face deve obedecer ao cronograma estipulado, pois cada etapa exige tempo para que o cérebro e o corpo se adaptem, se reprogramem e se acostumem com as mudanças propostas. Toda etapa deve respeitar a resposta individual, ser minimamente invasiva e aguardar o tempo preconizado para a recuperação, evitando excessos e exageros que geram artificialidade, para que todo o resultado seja natural, saudável, bonito e elegante, tanto nos procedimentos faciais quanto nos odontológicos.

Compreender que seu organismo precisa de estímulo para produzir os resultados desejados e nutri-lo adequadamente é fundamental, além de ser imprescindível livrar-se de hábitos nocivos à saúde. A resolução do problema passa também pela confiança plena no tratamento proposto! O mais importante é fazer essa construção conjunta de resultados, estimulando o seu corpo a produzir um efeito positivo e duradouro, que vai trazer muito mais felicidade e autoestima, influenciando diretamente nos aspectos psicológicos e sociais da vida. Sentir-se bem e seguro com seu corpo, sua boca e sua face deve ser um processo a ser construído com amor, paciência e respeito a sua singularidade. Ame-se mais! Permita-se!

PASSO 3

Separei alguns materiais importantes que podem ajudar você a entender a relação entre autoestima e tratamentos bucais e faciais e seus efeitos psicológicos benéficos, inclusive como tratamento para depressão. Então, leia-os sem moderação e mãos à obra!

PARA ACESSAR, BASTA APONTAR A CÂMERA DO SEU CELULAR PARA OS QR CODES OU COLOCAR OS LINKS EM SEU NAVEGADOR.

O SORRISO influencia diretamente na sua vida e nas relações. **Sorrisologia**, 1 jun. 2018. Disponível em: https://sorrisologia.com.br/w/o-sorriso-influencia-diretamente-na-sua-vida-e-nas-relacoes-veja-a-importancia-dele-para-sua-autoestima_a7329. Acesso em: 8 fev. 2024.

RICHARD, A. *et. al.* Recover your smile: Effects of a beauty care intervention on depressive symptoms, quality of life, and self-esteem in patients with early breast cancer. **Psycho-Oncology**, v. 28, n. 2, p. 401-407, 2019. Disponível em: https://pubmed.ncbi.nlm.nih.gov/30511433/. Acesso em: 8 fev. 2024.

WILKINS, J., Eisenbraun A. J. Humor theories and the physiological benefits of laughter. **Advances in mind-body medicine**, v. 24, n. 2, p. 8-12, 2009. Disponível em: www.pubmed.ncbi.nlm.nih.gov/20664150. Acesso em: 8 fev. 2024.

VIDALE, G. O botox agora é estudado para o tratamento de depressão – e com sucesso. **Veja**, 25 set. 2020. Disponível em: https://veja.abril.com.br/saude/o-botox-agora-e-estudado-para-o-tratamento-de-depressao-e-com-sucesso/mobile. Acesso em: 8 fev. 2024.

WOLLMER, M. A. *et. al.* Treatment of depression with botulinum toxin. **Toxins (Basel)**, v. 14, n. 6, p. 383, 2022. Disponível em: www.pubmed.ncbi.nlm.nih.gov/35737044. Acesso em: 8 fev. 2024.

SANDES, E. Aplicar botox na testa pode ajudar a aliviar depressão, sugere estudo. **Metrópoles**, 28 set. 2022. Disponível em: www.metropoles.com/saude/aplicar-botox-na-testa-pode-ajudar-a-aliviar-depressao-sugere-estudo/amp. Acesso em: 8 fev. 2024.

Para exemplificar melhor como é possível reinventar e melhorar a vida a partir do rosto e do sorriso, quero contar mais uma história.

Recebi, em minha clínica, uma empresária que agendou o último horário e me solicitou que estivesse sem auxiliar e secretária para atendê-la, pois sofria de pânico e esse problema estava relacionado a consultórios médicos, odontológicos e hospitais. Preparei-me para recebê-la com um chá calmante e óleos essenciais, além de me vestir de maneira informal, sem nada que remetesse ao branco hospitalar. Conversamos por duas horas e ela me revelou, entre lágrimas, seus traumas e medos, suas experiências anteriores e tudo aquilo que fazia com que ela sofresse de dores faciais e de muita depressão, tristeza e medo.

Combinamos um cronograma para a recuperação do sorriso e, depois, a recuperação da face, valorizando os seus traços únicos e apagando as décadas de medo, dor e tristeza, originados por tratamentos sem sucesso e perda de dentes. Corrigimos forma, cor e mastigação com os novos dentes, clareados e bem alinhados. Identificamos a necessidade de um aparelho para ajudar no sono, para que fosse reparador, já que ela apresentava várias paradas respiratórias (apneias) durante a noite.

Assim que concluímos essa etapa, uma nova mulher surgiu na clínica. Agora ela sorria e agendava a sua consulta nos horários de maior movimento, além de conversar animadamente com os outros pacientes e colaboradores da clínica. Assim que começamos a recuperar a face, a cada sessão o resultado ficava ainda melhor e mais natural, e ela se tornava mais jovem e confiante. Todos notaram e perguntaram se ela estava com um namorado novo, se tinha voltado de férias ou se tinha encontrado um remédio que curou a depressão e a fobia. Profissionalmente, ela vendeu a sua empresa, deu uma guinada na sua profissão e virou consultora de moda, estilo e comportamento, realizando o seu propósito e ajudando centenas de mulheres a realizarem os seus sonhos e a alcançarem suas aspirações.

Esse é o poder da nossa aparência, diretamente relacionada ao nosso rosto e sorriso. Então, lembre-se de que estar de bem com nossa a aparência e com o nosso corpo faz toda a diferença no relacionamento profissional e pessoal. Expressar-se sem medo e sorrir com satisfação e felicidade abre portas na vida e atrai as pessoas que queremos ter por perto. Quando você fica inseguro com a face e o sorriso, perde a confiança e a autoestima, e assim a energia e a força também se vão. Por que cair nessa ciranda de tristeza e insegurança? Você não precisa passar por isso!

Procure resolver essas questões o mais rápido possível para aproveitar a sua vida plena de realizações. E se você pode ajudar alguém com essas informações e com este capítulo, passe adiante a mensagem.

Crie o seu futuro! Saia do rascunho! Inicie por amar-se! Corrija aquilo que lhe impede de ser quem você sonha! Procure o sorriso que deseja ter, a segurança para mastigar, os dentes brancos e alinhados dos seus sonhos. Deixe a mudança contagiar você e sinta os benefícios dessa terapia. Corrija e harmonize a sua face. Recupere a saúde e o amor-próprio que você merece! Ame-se! E faça isso por aqueles que você ama, valorizando a sua saúde física e a sua história ao se apropriar do futuro que já é seu. Com determinação, confiança e autoestima, você pode buscar uma vida de realizações e sonhos concretizados.

Só você sabe os sacrifícios e as lutas pelos quais passou e, com certeza, não chegou até aqui por acaso. Seus sonhos são somente seus e é você quem precisa tomar a decisão de mudar aquilo que lhe incomoda.

Você merece ser mais feliz e ter seus sonhos realizados. Então busque a sua força interior, seu amor por si mesmo! Você tem muito a contribuir para a sua vida e para aqueles que o rodeiam. Corrija aquilo que deixa você inseguro ao sorrir ou se expressar publicamente! Deixe de procurar o melhor ângulo para tirar uma foto! Deixe de procurar o melhor filtro e nunca encontrar. Devemos gostar de nós mesmos sem filtro e sem moderação.

Ao fazer isso, você investirá no seu melhor cartão de visitas: você mesmo. Só precisa revelar a sua beleza própria e recuperar sua saúde física e mental. Como consequência, será mais fácil seguir o seu propósito de vida e viver com saúde e muito amor ao refletir-se no espelho. Acredite na transformação; ela é possível e pode ser mais fácil e natural do que você imagina.

Chegou a hora de se libertar! A hora de sair do rascunho e apropriar-se do seu futuro pleno de realizações e sonhos concretizados.

22.

ATIVE SEU TALENTO

É empresária da indústria de autopeças e está na liderança da Mobensani, um grupo econômico familiar. É apaixonada por viajar e estudar e é mãe de um rapaz encantador, Derick.

Suzane de Azevedo

@suzanedeazevedo

@mobensaniborrachas

© Igor Azevedo

stou passando por aqui para contar para você uma história de sucesso e vitórias de uma empresa familiar. Com certeza você já ouviu críticas e frases, acompanhadas de um torcer de nariz, do tipo: "Deus me livre trabalhar com pai, mãe e irmãos". Ou então: "Nossa, credo, trabalhar com a família? Jamais". Essas são apenas algumas das críticas generalizadas. E sei disso porque, em toda a minha jornada de mais de trinta anos estando à frente da gestão da Mobensani, escutei inúmeras críticas por trabalhar com o meu pai e com a minha irmã. Infelizmente, isso acontecia anos atrás e acontece até hoje.

Mas sei que a gestão de empresas de tamanhos e tipos variados – pequenas, médias, grandes, sociedades comuns, empresas familiares, sociedades anônimas e multinacionais – envolve desafios diferentes. A realidade, contudo, é que as empresas familiares acabam sofrendo mais críticas de gestão. No caso delas, dá-se muito destaque para os problemas e pouco destaque para o sucesso.

Além disso, percebo que é muito grande o número de pessoas que não ingressam em negócios da família ou não iniciam novos negócios por causa desse paradigma que diz que a empresa familiar é um problema. Existem também as crenças de insucesso que acabam fazendo com que essas pessoas deixem passar grandes oportunidades em sua vida. Mas perceba que trabalhar em um negócio de família não é uma sentença para o resto da vida, e sim um caminho de experiências e aprendizados.

Então por que não dar uma oportunidade?

Fala-se muito sobre empresas familiares que fecham, porém fala-se pouco sobre as que dão certo. E parte desse tipo de crença é originária justamente nesse discurso que desinforma e amedronta. Com ele, estão a culpa, a falta de responsabilização e, no fim, as empresas familiares entram em um lugar de problemas de gestão comuns a qualquer empresa.

Falta capacitação para administrar a empresa, o despreparo é enorme e as pessoas envolvidas deixam de assumir as responsabilidades necessárias para crescer e ter mais resultados. É muito triste ver tantos profissionais perdendo oportunidades de negócios e deixando de lado a própria prosperidade por conta de mitos e histórias mal contadas sobre como as empresas familiares são inviáveis.

Mas é mudando a mentalidade que se inicia o processo de transformação, e a partir do acerto é possível construir mais sabedoria para ter uma direção assertiva. Eu quero desmistificar essa ideia de que as empresas familiares são ruins, mostrar que ter ou fazer parte de uma não é uma sentença, muito pelo contrário: pode ser maravilhoso e recompensador.

Elas não são diferentes do que qualquer outro tipo de empresa. E decidir estar em uma é como qualquer outra escolha de vida que pode levar você em direção à construção de uma história de sucesso. Se decidir com vontade genuína, se cuidar do seu posicionamento e tiver coragem e ousadia, você estará diante de uma oportunidade que poderá alavancar a sua jornada.

Então não se posicione como vítima. Tenha esse olhar apurado todos os dias. Potencialize a sua visão de futuro e construa muito mais. Foi assim que me dei conta de que eu era capaz – e você também é!

Além disso, percebo que existem dois pontos de desenvolvimento que precisam ser cuidados. São eles o autoconhecimento e a potencialização dos próprios talentos. A realidade é que nada – nem mesmo uma empresa – vai para frente se não cuidarmos desses dois pilares.

O autoconhecimento é libertador e completo para a compreensão de sua existência na vida, seja na parte espiritual – que explica e fortifica seu propósito e existência –, até toda a psicologia e neurociência que valida e explica comportamentos. São inúmeras as ferramentas que se completam para o entendimento do seu empreendimento pessoal: *a vida*.

Já em relação à potencialização dos próprios talentos, percebo que somos malconduzidos na escola e acabamos deixando de lado as matérias com as quais temos mais facilidade. Ou seja, em vez de potencializar o que mais gostamos, abandonamos e acabando falhando nesses aspectos. Existem 8 bilhões de pessoas no mundo e existe uma infinidade de talentos que devem ser potencializados e não sucumbidos. Isso é fundamental!

Assim, quero que você empreenda na sua vida. Quero que você tenha orgulho da empresa da qual faz parte, que talvez seja familiar. Quero que você passe a colher os resultados que almeja.

A vida por si só é um empreendimento. Você nasce, aprende a falar, andar... você é um projeto e vai se desenvolvendo e atingindo outros patamares. É um empreendimento em que você precisa, todos os dias, se preparar para decidir, acreditar, reproduzir, dividir e *amar* a sua vida. E é um fato que os movimentos inerentes deste empreendimento – *a sua história* – necessitam estar interligados ao seu potencial máximo para que as oportunidades sejam vividas.

Então convido você a trazer para o seu coração que essa viagem – *a vida* – é uma oportunidade que Deus entregou nas suas mãos com planos maravilhosos para você ter uma experiência com excelência e deixar um legado. Você pode – e deve – viver intensamente. Mas como? Siga os meus passos a seguir.

1. REINVENTE-SE!

No caminho para o sucesso, é essencial adotar uma abordagem de reinvenção pessoal com criatividade. A capacidade de encontrar novos caminhos e se transformar constantemente é fundamental para alcançar êxito na vida.

Sempre fiz isso em minha vida e quero que leve isso com você. Com muita criatividade para encontrar novos caminhos. Essa é a minha definição de sucesso. Temos que ter essa capacidade de nos reinventar, de nos transformar, de impactar outras vidas e construir a nossa própria história.

2. ESCUTE!

Antes de falar, escute. Precisamos ouvir e estamos fazendo isso muito pouco atualmente. Então, antes de expressar as nossas próprias opiniões e ideias, é crucial passar por um processo de treinamento que envolve ouvir, observar e absorver informações. Isso ajudará você a edificar a sua jornada da prosperidade.

3. ESTUDE!

A construção de uma vida profissional sólida demanda tempo e dedicação. É durante esse processo que se edificam as bases para o sucesso. Siga com fidelidade até o fim de sua missão sem negociar ou fazer apenas o que gosta ou no que tem aptidão. Estude, se desenvolva, busque aprimoramento. Isso é fundamental!

4. OUSE!

Não se contente apenas com o que já foi alcançado. A ousadia de desejar mais e de buscar constantemente ir além são ingredientes essenciais para o crescimento pessoal e profissional. É preciso ter a ousadia de desejar mais.

Se chegou até aqui é porque você pode ir muito além.

5. MOVIMENTE-SE!

É preciso caminhar. Não podemos ficar parados e estagnados. A inatividade pode ser um obstáculo para o sucesso. É importante estar em constante movimento, buscando novas oportunidades e desafios.

6. CELEBRE!

A vida é uma jornada e precisa ser validada em cada etapa. Cada celebração é uma validação que impulsiona você para o próximo passo.

A partir de agora, vou mostrar quais são os pilares de sucesso da minha empresa familiar – Mobensani Industrial e Automotiva Ltda – e que foram construídos por mim, meu pai, Amir, e minha irmã, Simone. São eles:

VISÃO

Sempre tivemos a mesma visão de fazer a empresa crescer e prosperar, o que sabíamos que alcançaríamos por meio de muito trabalho.

SEGURANÇA

Sempre me senti em um ambiente seguro porque nós compartilhávamos os mesmos princípios e valores desde casa. Além disso, não existiam dúvidas entre nós sobre a integridade e o profissionalismo de cada um.

TALENTO

Foi crucial cada um focar a sua área de talento. A minha irmã, hoje, está dedicada à área comercial e de inovação, mas, antes, ela fazia relacionamento com os clientes e colocava a empresa em feiras para atrair novos negócios. O meu pai sempre ficou na parte técnica, já que ele é especialista em produção e borracha, então toda a parte industrial é com ele. E o meu talento é o jurídico, o administrativo e o financeiro. Eu sou a pessoa centrada que pavimentou o caminho conforme eles abriram a floresta. Essa combinação nos trouxe até aqui com muito sucesso.

Utilizamos isso em todos os momentos. Dentro e fora do negócio. E não poderia ser melhor! Além de visão, segurança e talento, gosto de acrescentar um quarto elemento: o amor. Por isso, posso afirmar com toda a certeza de que o amor é o que nos move todos os dias com comprometimento, afeto e confiança.

É preciso ter clareza do que você quer para a sua vida. Deixe o romantismo de lado, deixe o propósito bonito que cabe apenas escrito em um papel sem nenhuma ação. Eleve esse passo a passo em sua vida e você descobrirá novos caminhos, sendo que cada um deles trará os seus próprios desafios e adversidades que precisarão ser superados. Com certeza, problemas aparecerão, porém, cabe a você levantar a cabeça, exercer a clareza que tem em seus objetivos e seguir em frente.

Sempre tive muito claro em minha mente que queria que a minha empresa crescesse e prosperasse. Para alcançar isso, não hesitei em nenhum momento, mesmo perante os desafios mais difíceis. E sempre superei tudo com criatividade e perseverança. Conversava com os meus mentores, com outros empreendedores que já haviam passado por situações parecidas, e foi assim que entendi que compartilhar experiências e pedir ajuda é fundamental para que você entenda os caminhos possíveis e possa errar menos a partir da jornada de seus parceiros.

Desse modo, quero que acredite em você e desfrute dos planos de Deus para a sua vida. A prosperidade é uma realidade em sua jornada. Seja o protagonista da sua história, não permita que a crença limitante de outros deixe você paralisado e tome a decisão de viver com mais sucesso e resultados. Eu silenciei todas as críticas do início da minha vida profissional que falavam sobre a minha escolha de trabalhar em uma empresa familiar e hoje tenho autoridade para falar sobre o tema.

A vida é uma bênção e temos que honrá-la, sendo felizes e deixando um legado. Todos os dias acordamos para seguir com coragem e para buscarmos mais de Deus em nós, sem limitar Aquele que não tem limites. Boa jornada e muito sucesso!

23.
DECISÕES GERAM MUDANÇA

© Igor Azevedo

@barkert.josi

Josiéli Barkert

Josiéli Barkert é uma mulher determinada e empreendedora, nascida em Giruá, Rio Grande do Sul. É a filha mais velha da dona Noeli, casada e mãe de outras duas encantadoras meninas, Manuela e Maria Eduarda.

Aos 12 anos, deixou a cidade natal e mudou-se para Santa Cruz do Sul, também no Rio Grande do Sul, onde vive até hoje. Desde muito pequena, demonstrou resiliência notável e, apesar das dificuldades na infância, sempre manteve a visão de uma vida melhor, tanto para si quanto para a sua família. Essa visão a impulsionou a buscar oportunidades de trabalho desde os 12 anos, desempenhando funções diversas, desde faxineira até auxiliar de produção.

A sua jornada profissional a levou ao setor do transporte, inicialmente trabalhando em uma transportadora de cargas fracionadas. A determinação e a ambição a levaram a explorar novas oportunidades no ramo de transporte de sementes.

Assim, em 2006, iniciou a trajetória como empreendedora na Transportes Barkert, onde desempenha um papel fundamental no crescimento e no desenvolvimento da empresa. Hoje é uma respeitada gestora no ramo do transporte, demonstrando como determinação e perseverança são impulsos para o sucesso mesmo em um setor geralmente dominado pelos homens.

er mulher não é fácil. Mas ser mulher no ramo dos transportes é ainda mais difícil. Nesse ambiente predominantemente masculino, percebo que existem estereótipos arraigados e desigualdade de oportunidade que fazem toda a diferença no crescimento profissional. O cenário, com toda a certeza, é de falta de representação feminina em cargos de liderança. Vivi isso em minha carreira e quero fazer uma analogia sobre a vida e a trajetória de outras pessoas, ensinando como é possível mudar e desenvolver as áreas da vida para impulsionar a própria jornada. Fique aqui porque explicarei para você um passo a passo poderoso mais adiante! Mas, antes, quero apresentar o cenário que tenho visto para que você possa entender melhor como alguns problemas podem estar afetando o seu desenvolvimento.

A realidade é que falta uma cultura organizacional inclusiva e existe uma desigualdade salarial persistente. As mulheres que conseguem superar as barreiras da representação na liderança e se sobrepor ao sistema o fazem com desempenho superior ao de nossos pares homens. E esse esforço, diversas vezes, é descomunal. Hoje, o cerne dessa questão é o fato de que, para "furarmos a bolha", precisamos nos esforçar mais e provar constantemente o nosso valor profissional. Você se sente assim também?

Apesar de muitas já terem galgado elevados postos de chefia e terem conquistado prestígio e respeito nesse universo da liderança, ainda predominantemente masculino, observo que somos questionadas sobre a nossa capacidade e enfrentamos dificuldades em relação aos aspectos de ser mulher, como conciliar a maternidade e difundir o entendimento de que o feminino não é sinônimo de fraqueza, da mesma forma que o estereótipo de força não deve estar atrelado somente ao masculino.

Apesar de tantos obstáculos, muitas mulheres têm superado tais desafios, demonstrando a importância da diversidade de gênero, e o valor que elas podem trazer a todos os setores. Porém, há inúmeras "Josiélis" ainda desencorajadas que poderiam estar fazendo mais pelas empresas e pela sociedade como um todo.

Em resumo, os preconceitos, como o machismo, geram prejuízos a todos. Inclusive, as empresas perdem a chance de terem excelentes líderes, dificultando que mulheres se estabeleçam financeiramente em suas carreiras. A prosperidade é alcançada quando todos podem participar de sua construção, e a falta de encorajamento para que as mulheres participem dos projetos de maneira ativa prejudica o ciclo de crescimento. E essa percepção passa por uma mudança de mentalidade de todos os envolvidos: dos gestores e líderes, que precisam ampliar os seus horizontes em relação aos talentos, e das mulheres, que precisam se libertar das amarras mentais para que possam se sentir capazes.

Quando isso não acontece, o sentimento é de frustração e desencorajamento por parte dessas profissionais. Já para os homens, existe até mesmo uma soberba e dificuldade para entender que aquele é um espaço que pode ser ocupado por elas. Como consequência, há salários desiguais e falta de oportunidade de progresso, o que leva, em outra instância, ao sentimento de insatisfação e de desvalorização.

Em paralelo, tal cenário alimenta a visão dos colegas homens em relação ao valor dessas profissionais, vistas como inferiores. O mesmo ocorre com a dificuldade para ascender hierarquicamente. Tal contexto gera escassez de presença feminina nas posições de liderança, cuja consequência direta é a baixa visibilidade delas no setor e a falta de representatividade, o que desencadeia desencorajamento para que outras trilhem o mesmo caminho. O quadro real é que os homens ainda têm dificuldade para enxergar as mulheres como potenciais lideranças. E por que isso acontece?

Mulheres não ocupam esses espaços e encontram travas para mudar a mentalidade vigente, já que todos precisam enxergá-las em atuação para que entendam que são capazes. Da mesma forma, é necessário deixá-las agir. Entretanto, por diversos motivos já elencados, que permeiam a questão do machismo, ainda são poucas as que rompem essa barreira. É um círculo vicioso e nefasto que deve ser interrompido.

Hoje, ainda, há uma evidente falta de respeito com as que buscam crescimento, principalmente no ramo do transporte. As que alcançam tais postos têm suas ordens questionadas pelos subordinados e por colegas. Muitas decisões não são consideradas, elas são questionadas pelos homens. O resultado é um ambiente de conflitos e atrasos nas tomadas de decisão e ações relevantes. Em meio a tais hostilidades, elas podem acabar desistindo e se frustrando, já eles podem entender que aquele não é um lugar adequado para elas, reforçando estereótipos e preconceitos.

Por esse motivo, quero que você saiba que o comportamento transforma o resultado. Isso é real e vou explicar para você como acontece.

Essa transformação dos resultados, contudo, requer esforço e persistência. O poder do comportamento é fundamental para alcançar uma vida mais satisfatória e bem-sucedida. Em minha trajetória, precisei desenvolver *soft skills*, ou habilidades comportamentais, aquelas que as faculdades e cursos em geral não ensinam.

Habilidades pessoais e interpessoais que utilizamos, muitas vezes de maneira intuitiva, podem nos ajudar ou prejudicar no dia a dia. O tom da voz, a nossa postura diante dos desafios, a nossa persistência e resiliência moldam a imagem que transmitimos para o mundo e para nós mesmas. Nasci com espírito inovador e sempre soube que eu seria grande, assim também transmiti essa confiança interior. Foi dessa forma, por meio da minha força interior transmitida por meio da minha postura e do meu comprometimento, que superei as dificuldades e me tornei aquilo que sempre desejei. O comportamento molda tudo o que somos e entrega ao outro uma mensagem clara sobre as nossas competências e virtudes. Isso vale também sobre o que entregamos a nós mesmos.

Assim, quero que separe um momento de muita atenção para ler os nove passos que deixarei a seguir. Coloque-os em prática imediatamente e você verá como as situações e os resultados serão diferentes.

1 - AUTOAVALIAÇÃO

Comece por avaliar sinceramente os seus comportamentos e padrões de vida atuais. Tenha objetividade, mas sem excesso de críticas.

2 - DEFINIÇÃO DE OBJETIVOS CLAROS

Estabeleça metas específicas para o que deseja alcançar em várias áreas da vida, como carreira, saúde, relacionamentos e crescimento pessoal.

3 - IDENTIFICAÇÃO DE COMPORTAMENTOS ATUAIS

Identifique quais comportamentos estão contribuindo ou impedindo o progresso em direção aos seus objetivos.

4 - PLANO DE MUDANÇA

Crie um plano concreto para modificar os comportamentos que não estão alinhados com os seus objetivos. Esse plano precisa ser factível e estar alinhado à sua essência. Do contrário, não será levado adiante.

Não imponha a si mesma ações impossíveis de serem realizadas. Veja o que você pode fazer e vá aumentando gradativamente o grau de dificuldade.

5 - COMPROMETIMENTO

Faça um compromisso consigo mesma de seguir o plano de mudança, mantendo foco nos seus objetivos. Esse é o momento de se respeitar e entender que o compromisso que você sela consigo é tão valioso quanto o que você sela com outras pessoas.

6 - DISCIPLINA E CONSISTÊNCIA

Mantenha uma abordagem disciplinada e consistente na implementação das mudanças de comportamento. Se possível, anote resultados e determine pequenas metas diárias.

7 - APRENDIZADO CONTÍNUO

Esteja disposta a aprender com erros e sucessos, fazendo ajustes conforme necessário. A grande dificuldade que muitas enfrentam em suas trajetórias é justamente não querer aprender. Pessoas que têm mais certezas do que dúvidas estão fadadas à estagnação.

8 - MANTENHA UMA MENTALIDADE POSITIVA

Cultive uma mentalidade positiva, acreditando que o seu comportamento pode transformar os seus resultados. Quando você foca as conquistas e tem claro o objetivo final, as dificuldades enfrentadas durante o caminho se tornam menores.

9 - ACOMPANHAMENTO E CELEBRAÇÃO

Avalie periodicamente o seu progresso em direção aos objetivos e celebre as conquistas para manter a motivação e reforçar os comportamentos positivos. Cada conquista, por menor que seja, deve ser comemorada, pois a alegria a ajudará a superar possíveis dificuldades.

Veja que esses passos são muito poderosos e foram aplicados em minha vida ao longo dos anos de modo intuitivo.

Minha história começou na infância em Giruá, interior do Rio Grande do Sul. Meu pai era um dos comandantes das forças de segurança da cidade e tinha uma amante. Essa mulher, em uma madrugada, invadiu a nossa casa com uma arma e disse que, se a minha mãe não abandonasse a casa, ela tiraria a minha vida. Muito assustada, a minha mãe fugiu comigo, e o meu pai não acreditou na história quando lhe foi contada.

Partimos, então, para outra cidade e ficamos sem nada. Além disso, nenhum advogado aceitou pegar o caso para ajudar a minha mãe por receio do poder que o meu pai tinha na cidade. A situação era horrível! Moramos em uma casa de chão de terra batida e tínhamos que jogar água no chão para varrer e não levantar poeira. Havia uma Kombi da prefeitura que distribuía café da manhã gratuito e eu ficava em uma enorme fila para pegar um pão e um copo de leite de soja. Levava para casa essa refeição e arrumava a mesa com flores que eu encontrava na rua. Até hoje, sou apaixonada por mesa posta. Sempre me imaginava em uma mesa linda, até que um dia decidi que lutaria com todas as minhas forças e ganharia dinheiro com o meu trabalho, pois não queria mais aquela vida nem para mim nem para minha mãe.

Minha mãe perdeu tudo o que tinha para me salvar e sou muito grata a isso. Então, desde aquele dia, estudei como pude e dei o meu melhor em cada trabalho, sem medir esforços. Hoje tenho a vida que imaginei, que cocriei, e sei que foram as dificuldades que me tornaram o que sou. Estruturei os meus objetivos claros, me dediquei incessantemente, comemorei cada conquista, chorei cada derrota e tenho orgulho da mulher que me tornei.

Ao mesmo tempo, cultivo um sentimento de gratidão por todos os que fizeram parte desse processo, inclusive o meu pai, que já perdoei. Fiz isso porque sei que, se não fosse o abandono e tudo o que passamos, eu não teria me tornado uma pessoa tão forte e um referencial para as minhas filhas. Assim, fiz esse passo a passo: metas claras, com disciplina, consistência e mente positiva. Eu me mantive focada sempre no objetivo final, que era o meu sucesso, e dessa forma ultrapassei todas as barreiras encontradas no caminho. Sou a prova de que tais passos funcionam na vida pessoal e na profissional. E vão funcionar com você também!

São passos que organizam, de maneira clara e motivadora, um modelo eficaz para construir o sucesso em qualquer meio. Não desistir, mas elaborar um plano com as etapas mencionadas é fundamental, pois essa abordagem tem o potencial de desencadear transformações significativas na vida de uma pessoa.

Primeiramente, a persistência é a chave para superar os obstáculos e desafios que inevitavelmente surgirão ao longo do caminho. Ao criar um plano com metas claras, a pessoa estabelece um roteiro para o sucesso, definindo objetivos tangíveis em sua carreira e vida pessoal. A identificação de comportamentos atuais e a elaboração de um plano de mudança proporcionam uma visão profunda das áreas que necessitam de melhoria, permitindo a implementação de mudanças direcionadas.

Além disso, o comprometimento e a disciplina mantêm a pessoa no caminho certo, construindo hábitos saudáveis e produtivos. Já o aprendizado contínuo e a mentalidade positiva são essenciais para o desenvolvimento pessoal e profissional. Por fim, é preciso avaliar o processo e celebrar as conquistas, fornecendo incentivo para persistir.

Ao criar autoridade em seu ramo de trabalho, portanto, você pode alcançar o respeito e o reconhecimento, o que pode resultar em promoções, melhores oportunidades e um aumento na satisfação. Essas transformações contribuem para uma vida mais equilibrada, gratificante e bem-sucedida, destacando a importância de não desistir, mas sim perseverar na busca de objetivos e na criação de autoridade em sua carreira. E isso está ao alcance de *todos*!

Quando participei da imersão Saia do Rascunho e escutei as palavras da Fernanda Tochetto, percebi que a mudança começa comigo. Compreendi que, antes de liderar e organizar o meu time, precisava me resgatar pessoalmente, alinhar os meus objetivos e valores novamente. Esse insight transformou a minha abordagem, pois agora estou comprometida a ser um exemplo de mudança positiva.

Além disso, ao compartilhar a minha jornada de autodescoberta com a equipe, tento inspirar todos a se envolverem nessa trajetória de crescimento pessoal. Nossa mudança está sendo coletiva. O ambiente de trabalho melhorou à medida que cada membro do time se tornou mais consciente de suas metas e contribuiu para um local mais saudável e produtivo. Essa transformação não apenas elevou os resultados do trabalho em equipe, mas também fortaleceu os laços entre os membros e incentivou a nossa busca por excelência.

Então, não desista! Siga adiante com coragem, pois o poder de transformar a sua vida está em suas mãos. Você é capaz de conquistar autoridade em seu ramo de trabalho e alcançar os resultados que deseja. Continue perseverando, e o sucesso estará ao seu alcance.

Acredite em si mesma e siga em frente com determinação. Seu potencial é ilimitado, e o futuro é promissor. Sei que a jornada pode ser desafiadora, mas as recompensas são imensuráveis. Assim, com confiança e comprometimento, você pode alcançar o que quiser na vida. Então mantenha-se inspirada e siga em frente!

24.

SUA FREQUÊNCIA INSPIRACIONAL

Formado em Engenharia Mecânica Automobilística e motivado pela busca de entender como o mundo funciona, hoje Iago lidera a primeira autotech do Brasil. É fascinado por tecnologia.

Iago Atila Azevedo Couto

@iagoatila

in Iago Atila

Acredite se quiser, mas os maiores desafios que temos hoje tem como principal origem as questões internas de nossa mente. Você já tinha parado para pensar sobre isso? São questões que estão empilhadas sobre uma série de outras vivências e experiências que, juntas, criam uma névoa de justificativas e respostas imprecisas de nossos reais desafios. Dessa forma, podemos resumir esse desafio em dois grandes sentimentos: o orgulho e o medo.

Em primeiro lugar, ao pensarmos sobre o orgulho, é possível ver essa emoção quando você não quer deixar o seu funcionário mudar de área porque gosta do trabalho que ele vem desempenhando na área atual. Ou então quando você assume as responsabilidades sem saber dizer "não". Até mesmo quando você justifica excessivamente o quanto você se esforçou e se dedicou para entregar o seu "suado" trabalho. Todos esses exemplos são demonstrações de orgulho e, em algumas situações, ele vem disfarçado de inveja, autossabotagem, soberba, preguiça, entre outros sentimentos.

Já em relação ao medo, ele se relaciona mais fortemente com os traumas e bloqueios gerados ao longo da infância e adolescência. Muitas vezes, aparecem como resultado de um "não" mais ríspido que você ouviu do seu pai. Em outros casos, por um bullying gerado na escola ou até mesmo pelo divórcio dos pais. São situações que nos geram marcas de medo que, inconscientemente, nos fazem fugir da mínima possibilidade de passar por aquela mesma situação novamente.

Você reconhece em sua vida em que momentos está sendo orgulhoso? E em quais situações que você age pelo medo? A partir desse ponto, você precisa tomar uma decisão de querer destravar isso de dentro de si. Criar uma nova realidade, alheia a sua original. O ser humano é capaz de se moldar e essa é uma das questões sobre as quais conversaremos ao longo do capítulo.

O fato, entretanto, é que olhamos sempre a nossa realidade a partir de uma ótica interna como protagonista de nossas vidas. Dificilmente saímos dessa ótica e temos o olhar de uma terceira pessoa. Ou seja, um olhar externo no qual mais detalhes são captados. Fazendo uma analogia, essa situação é similar a fazer um trajeto em um dia dirigindo o carro e, no dia seguinte, na posição de passageiro. Você notará que, no segundo caso, existe muito mais ao seu redor do que você realmente acreditava ter. Pensando ainda nesse exemplo, como passageiro talvez você enxergue um caminho mais eficiente ou uma oportunidade de parada importante no seu trajeto.

E agora, trazendo a analogia para a sua vida, quanto você não tem dirigido o seu carro sem olhar para as situações nas quais age com orgulho?

Quantas situações você não tem se desviado por medo e quantas oportunidades tem perdido na sua vida? Oportunidades que talvez você nem veja porque, por inúmeros casos, você as deixou distantes da sua realidade.

Mas existe, sim, uma jornada de liberação cognitiva para que você possa se libertar do seu exílio interno e reconhecer realmente o seu potencial de sair do rascunho! É intrínseco ao ser humano ter uma causa ou um estímulo de motivação que nos faz agir e atingir o extraordinário.

Assim, partindo do princípio de que já estamos um pouco mais familiarizados com os desafios abordados em relação ao orgulho e ao medo, é comum você conviver com pessoas de culturas e criações diferentes da sua. Portanto, lidar com essas situações está ligado à sua capacidade de entender como você reage aos estímulos diferentes ou até mesmo por qual motivo você se relaciona com determinado grupo de pessoas. Então quero que pare e pense: é comum para você se colocar ao redor de pessoas mais dominantes que, facilmente, o conduzem a tomar uma decisão? Você tem uma facilidade de convívio com pessoas que são mais organizadas ou até mesmo com aquelas pessoas que evitam conflitos e valorizam um ambiente de trabalho harmonioso?

Para nós, é natural ter esse tipo de comportamento. Nossa mente busca a zona de conforto, na qual ela vai preservar mais energia. Porém não são nessas situações que crescemos. São em momentos de enfrentamento e confronto que nos fortificamos diante dos nossos paradigmas internos.

Não há dúvida de que, diariamente, recebemos uma quantidade muito alta de informações. Nossa mente não capta tudo e seleciona apenas partes do todo. Dessa forma, pressupõe-se que a mente trabalha sempre com referências, assimilando o que ela já sabe com aquilo que é novidade. Tomando como exemplo uma pessoa que não fuma, depois de certo tempo no convívio de fumantes, as suas referências começam a mudar, até que é possível que ela adote a prática do fumo como hábito.

Mas a boa notícia é que nós podemos escolher as nossas referências!

Percebo também que a carência de exercício e rotinas pró reflexivas faz parte do motivo pelo qual as pessoas passam por isso. Ou seja, não há momentos em que você libera espaço e tempo para que a sua mente reflita sobre os acontecimentos passados. Existem diversas técnicas e ferramentas para você incluir na sua rotina e trazer mais clareza mental, gerando como consequência mais motivação para atingir os seus objetivos futuros.

Assim, seguindo em frente em nossa jornada, prepare-se hoje para o que você sonha em conquistar, e viva o amanhã que nunca imaginou atingir.

A nossa mente não é igual à álgebra, que se comporta de forma linear e fixa. Precisamos compreender que nada do que é verdade para nós, hoje, necessariamente precisa ser verdade amanhã. O seu legado está intimamente ligado à sua motivação. Só existe necessariamente uma única verdade para cada um de nós. E deixamos, muitas vezes, essa verdade escondida por medo e orgulho, que são transmitidos por meio de nossa comunicação.

Por isso, acredito no conceito que chamo de frequência inspiracional, ao qual atribuo a sua própria essência, aquilo que realmente transcende você e os seus pensamentos. Aquilo que você faz com gana e paixão. Cada um de nós vibra em uma frequência diferente. Nossa frequência pode ter uma amplitude maior ou menor, de acordo com o que nos permitimos ser. Quanto maior a amplitude, maior a chance de você impactar as pessoas com o seu verdadeiro ser.

Citando uma frase de Thomas Edison: "A genialidade é 1% inspiração e 99% transpiração",[1] então, vamos partir para ações práticas. O que realmente podemos colocar como objetivos de mudança em nossa rotina que trarão verdadeiros resultados.

1. ENCONTRE O QUE MOTIVA VOCÊ!

Como falamos anteriormente, o primeiro passo é encontrar o que o motiva. Pode variar de pessoa para pessoa, mas tem que ser algo realmente profundo e que seja legitimamente a sua frequência inspiracional. Para ajudá-lo a encontrar essa ilha de motivação, pergunte a pessoas próximas o que você faz bem e onde elas o veem feliz. Depois, reflita sobre coisas que você faz sem esforço e sem preguiça.

2. FAÇA A PREPARAÇÃO OPORTUNÍSTICA!

Em seguida, o próximo passo é o que chamo de preparação oportunística. Isso se traduz em você se desafiar todos os dias, se colocando em situações de constante aprendizado.

Seja um curso de teatro para perder o medo de falar em público, seja uma nova língua que você se desafia a aprender. Não perca a oportunidade de se desafiar a aprender algo novo. Isso faz com que, a cada passo que

---

1   EMPREENDEDORISMO criativo: talento, inspiração ou transpiração? **G1**, 20 nov. 2015. Disponível em: https://g1.globo.com/mato-grosso-do-sul/especial-publicitario/sebrae/crescendo-com-o-sebrae/noticia/2015/11/empreendedorismo-criativo-talento-inspiracao-ou-transpiracao.html. Acesso em: 14 nov. 2023.

você avança, você se sinta mais capaz e preparado para chegar mais longe e conquistar objetivos ainda maiores. Se você tornar disso uma rotina, ao longo dos anos vai perceber o quanto cresceu em diversas áreas de sua vida.

3. TREINE!

As portas para as novas oportunidades só se abrirão se você estiver preparado e treinado para recebê-las. Você precisa estar com a sua musculatura cerebral em constante evolução.

De fato, não serão todas as semanas que você poderá colocar em prática uma rotina fixa de preparação, pois existem diversas demandas externas com as quais precisamos lidar. Porém, é necessário termos consciência de que você precisa ter certa "ambidestria" para saber agir em cada momento. Ou seja, haverá momentos em que você terá que fazer atividades mais operacionais. Em outros casos, você terá que ser mais investigativo e reflexivo, ou até mesmo mais conservador. Isso se traduz em comportamentos práticos de prioridades. O que você dará prioridade no seu dia e na sua semana definirá a sua preparação para as oportunidades futuras.

4. EXERCITE A AUTOLIBERTAÇÃO COGNITIVA!

Uma outra ação prática é exercitar a autolibertação cognitiva. Isso significa colocar como premissa que você não tem limitações nem barreiras que o impedem de querer ser, fazer ou ter o que deseja. Significa entender que você é o único responsável pela sua história e que a única quebra de objeção que precisa realizar é a sua própria mente.

É comum encontrarmos justificativas que limitam as nossas conquistas. A sua autolibertação se inicia com palavras de afirmação e ações que fazem, aos poucos, uma mudança de mindset, trazendo novas possibilidades. Cada passo na direção certa potencializa novos passos nessa jornada.

5. BUSQUE O CONHECIMENTO!

Para fechar os passos que preparei, quero deixar uma lista de conteúdos que ajudam a abrir a mente para que você esteja mais preparado para esse processo. Veja a seguir.

» Filmes:
  » *O jogo da imitação*[2]

---

2   O JOGO da imitação. Direção: Morten Tyldum. EUA: Black Bear Pictures, Bristol Automotive, 2014. Streaming (114 min).

➡ *Som da liberdade*[3]

➡ *A procura da felicidade*[4]

➡ *Click*[5]

➡ *O terminal*[6]

➡ *A origem*[7]

➡ *O show de Truman*[8]

➡ Livros:

➡ *Scrum*[9]

➡ *O poder da ação*[10]

➡ *Mindset*[11]

➡ *Scaling UP*[12]

➡ *Tração*[13]

Em minha jornada profissional, tiveram alguns momentos em que apliquei a metodologia tríplice. Portanto, tenho base para afirmar que essa metodologia é atual e funcional. Um desses momentos foi o evento de lançamento que fizemos da primeira AutoTech do Brasil. É importante dizer que, naquela época, poucas vezes eu havia falado em público para um número maior do que cem pessoas.

---

3   SOM da liberdade. Direção: Alejandro Monteverde. EUA: Santa Fe Films, 2023. Streaming (135 min)

4   À PROCURA da felicidade. Direção: Gabriele Muccino. EUA: Overbrook Entertainment, Escape Artists, Relativity Media, Columbia Pictures, 2006. Streaming (117 min).

5   CLICK. Direção: Frank Coraci. EUA: Revolution Studios, Happy Madison, Original Film, Columbia Pictures, 2006. Streaming (107 min).

6   O TERMINAL. Direção: Steven Spielberg. EUA: DreamWorks Pictures, Amblin Entertainment, 2004. Streaming (128 min).

7   A ORIGEM. Direção: Christopher Nolan. EUA: Legendary Pictures, Syncopy Films, 2010. Streaming (148 min).

8   O SHOW de Truman. Direção: Peter Weir. EUA: Scott Rudin Productions, 1998. Streaming (103 min).

9   SUTHERLAND J.; SUTHERLAND, J. J. **Scrum**: a arte de fazer o dobro do trabalho na metade do tempo. Rio de Janeiro: Sextante, 2019.

10 VIEIRA, P. **O poder da ação**: faça sua vida ideal sair do papel. São Paulo: Gente, 2015.

11 DWECK, C. S. **Mindset**: a nova psicologia do sucesso. Rio de Janeiro: Objetiva, 2017.

12 HARNISH, V. **Scaling up**: escalando seu negócio. São Paulo: AlfaCon, 2020.

13 WEINBERG, G.; MARES, J. **Tração**: domine os 19 canais que uma startup usa para atingir aumento exponencial em sua base de clientes. Rio de Janeiro: AltaBooks, 2020.

O primeiro elo dessa corrente foi a minha motivação de querer participar de algo novo, diferente, e que eu pudesse dizer que fiz parte da construção do negócio. Mentalizei isso como um guia, me libertando de qualquer medo.

Depois, o segundo elo foi a minha preparação, que se desenrolou por meio da leitura, repetidas vezes, do texto que eu iria proferir. Por mais que eu tivesse pouca experiência em falar em público, o domínio do conteúdo associado a uma memória corporal e o treino exaustivo me levaram a uma excelente performance. Não há nada que resista a um treino bem-feito.

Por fim, o último elo trouxe a verdade de que eu era capaz de subir no palco. Acreditei que eu tinha as competências necessárias para falar com aquelas pessoas que estavam ali naquele momento. Ter essa coragem não é ser ignorante e simplesmente tratar a situação com indiferença. É trabalhar com a sua frequência inspiracional e libertar-se de qualquer pensamento que faz você ter dúvidas sobre o seu real potencial. Por isso que conectar esses três conceitos é tão importante para sair do rascunho e conquistar os seus sonhos.

Dessa forma, fazendo um comparativo bem simples de tempo, nós, como seres humanos aqui na Terra, já existimos há aproximadamente 200 mil anos.[14] Se compararmos com o tempo de existência dos dinossauros, eles residiram aqui em nosso planeta por 230 milhões de anos.[15] Ou seja, só estamos aqui há 0,1% do tempo total que os dinossauros viveram. Se compararmos com o tempo de existência da Terra, se torna ainda mais insignificante. Mas isso só me faz pensar o quão importante e precioso é o meu tempo aqui. Pois já que ele é tão curto, como eu faço para deixar a minha marca, o meu legado, por mais tempo?

Por meio de uma empresa você consegue criar uma infinidade de oportunidades e capacidade intelectual para que as pessoas gerem e produzam conhecimento. Existem empresas hoje centenárias que foram responsáveis pela criação de tecnologias ou que até mesmo revolucionaram todo um setor. Podemos citar, como exemplo, a Levis, que inventou o jeans e hoje é o tipo de vestimenta mais usada no mundo.[16] Podemos citar tam-

14 BRIGGS, H. Nova pesquisa revela 'localização exata' do aparecimento do homem moderno. **BBC News**, 29 out. 2019. Disponível em: https://www.bbc.com/portuguese/geral-50218755. Acesso em: 17 nov. 2023.

15 SANTOS, V. S. Dinossauros. **Brasil Escola**, c2023. Disponível em: https://brasilescola.uol.com.br/animais/dinossauros.htm. Acesso em: 17 nov. 2023.

16 JEANS. *In*: WIKIPEDIA. Disponível em: https://pt.wikipedia.org/wiki/Jeans. Acesso em: 17 nov. 2023.

bém a Ford, com seu processo de produção de carros altamente eficaz e eficiente, que possibilitou a popularização dos carros. O sucesso do seu negócio, portanto, pode ser a chave para você deixar a sua marca no mundo. Você precisa encontrar aquilo que o motiva para que possa sair do rascunho. E eu sei que você pode – e consegue!

Por minha própria experiência, saiba que, em 90% das decisões que tomar em sua vida, você não terá 100% das informações necessárias para tal. Você sempre terá apenas uma pequena parte de dados e informações. Por isso, não carregue esse peso e não espere ter uma certeza divina de que as coisas vão aparecer prontas e com uma solução definitiva. Simplesmente faça e, se você notar que tem algo errado, o dia seguinte terá as mesmas vinte e quatro horas do dia anterior para que possa fazer diferente. Coloque metas ao longo da sua jornada e comemore cada avanço ou conquista. A valorização vai virar combustível para você continuar evoluindo e seguindo em frente.

25.

VAMOS FALAR SOBRE MENTAMBILIDADE?

Pai da Lara e da Lorena. Marido da Édina. É empreendedor, palestrante, consultor e treinador de times comerciais. Já treinou milhares de vendedores de grandes marcas nacionais e é conhecido por ser mobilizador, prático e ensinar de maneira descomplicada.

Darlan Wilsmann

@darlanwilsmann
Darlan Wilsmann

rrei feio. O maior deslize da minha carreira profissional. Por um erro de processo que estava sob a minha responsabilidade, eu joguei fora o maior negócio da história da empresa em que trabalhava. O negócio era tão importante que até já tínhamos marcado uma festa para comemorar. E sim, assim que soube do erro, tive que cancelar a festa, além de explicar a todos os envolvidos o motivo do cancelamento.

Naquela época, tinha apenas 20 anos e, até então, não sabia direito o que queria da vida. Não tinha grande planos. E assim que recebi a notícia da perda do negócio, me abalei tanto que pensei em sumir. Subi as escadas e fui até o terceiro andar da empresa, no qual ficava o estoque. Caminhei vagarosamente. Distante. Pensativo. Abalado. Sentei-me em um palete, comecei a chorar e liguei para a minha mãe. Contei tudo. Desabafei. Disse a ela que eu não servia para nada. Que não tinha mais sentido ficar ali. Ela me ouviu atentamente e disse o seguinte: "Filho, não tome nenhuma decisão agora. Vá para casa e pense bem. Amanhã você toma a sua decisão".

Até aquele dia, eu não entendia o porquê de não estar em um caminho próspero. Não tinha a mínima ideia de por que algumas pessoas eram extremamente bem-sucedidas e outras não.

Pois bem, fui para a casa, chorei muito, pensei e tomei – verdadeiramente – a decisão: "Com 35 anos de idade, eu serei um profissional bem--sucedido e estarei nos palcos contando a minha história". No fim deste capítulo, lhe atualizarei sobre esta jornada. Fique aqui!

O fato, entretanto, é que tomar decisões na vida é crucial para que você evolua. Parece óbvio, mas não é tanto assim para a grande maioria das pessoas. E não é óbvio porque as pessoas não têm o costume de decidir mudar. Elas, na verdade, manifestam desejos, vontades e intenções. Ou seja, dizem: "Desejo melhorar"; "tenho vontade de virar esse jogo"; "minha intenção é mudar o meu estilo para ter melhores resultados". Veja bem: desejos, vontades e intenções – que chamo pelo acrônimo DVI – moram na mesma casa da procrastinação. DVIs não nos fazem agir rapidamente.

Caro leitor, em vez de DVIs, as pessoas devem tomar mais *decisões*. Elas são muito mais fortes. Têm muito mais relevância. Denotam muito mais ação. E são elas que, verdadeiramente, fazem você mudar de patamar. Quando você toma uma *decisão*, você não negocia mais – nem consigo mesmo.

Portanto, se mudar ou melhorar for realmente urgente, qual ou quais são as decisões que você vai tomar hoje?

Olhe só. Já treinei milhares de pessoas. Vendedores, em sua grande maioria. E o que ouço é quase sempre a mesma coisa: "O mercado está difícil"; "Não estou conseguindo bater as minhas metas"; "Estou estagnado na empresa". São inúmeras desculpas. Mas, veja, não quero dizer que nada disso existe. Sim, realmente o mercado – em alguns momentos – está mais difícil, as metas ficam mais distantes de serem batidas e as empresas ficam estagnadas. Mas, definitivamente, com esta leitura, pretendo que você pare de se sentir frustrado.

Quem sabe você ainda não realizou o seu sonho de criança. Quem sabe você ainda não correspondeu à expectativa dos seus familiares. Quem sabe você tenta parecer algo que não é. Parece ser feliz, quando na verdade não é. Mas isso tudo tem as suas explicações.

As principais causas que fazem as pessoas se sentirem assim são: mentalidade de problema, falta de ambição e falta de habilidade. Certamente nenhuma dessas é uma grande novidade para você. Certamente já deve ter assistido a uma palestra, lido um livro ou ouvido um podcast que tratou sobre tais assuntos.

Mas, afinal, por que você não agiu ainda? Nós somos o resultado do que vimos, ouvimos e o que sentimos durante a vida. Somos resultado das nossas interações com a nossa família, do que passamos na infância, do que ouvimos dos amigos, de como fomos tratados pelos nossos líderes e tantos outros fatores.

Portanto, se você realmente não tomar a *decisão* de mudar, será facilmente envolvido pela sua construção passada, que trará lembranças murmurando ao seu ouvido: *Não faça isso pois é arriscado; dinheiro não traz felicidade...* e assim por diante.

Quer a boa notícia agora? Tem solução. E a chamo de *mentambilidade*.

Imagino que essa seja a primeira vez que você lê esta palavra. Sim, eu inventei. É uma junção de três palavras. E, de fato, isso demonstra muito sobre como a minha mente funciona: totalmente através de acrônimos, analogias, entre outros. Sempre crio lógicas para o que até então parecia intangível ou incompreensível.

Assim, essa foi a maneira que encontrei para descrever uma fórmula que envolve três elementos cruciais para uma vida próspera: *mentalidade*, *ambição* e *habilidade*.

Você está pronto para começar? Se sim, siga nesta leitura e entenda o caminho.

1) MENTALIDADE

Para mim, é como o seu cérebro interpreta os fatos que acontecem na vida. É como você interpreta, por exemplo, um copo de vidro quebrado. Ou você chora e se lamenta ou faz uma obra de arte a partir dos cacos. Em resumo, ou você é daquelas pessoas que veem problemas ou das que veem soluções.

E como se forma esta mentalidade?, você deve estar se perguntando. A partir dos fatos que vivenciou no passado, seja na família, com os amigos, nas redes sociais ou no trabalho. Foi no passado que você aprendeu que dinheiro traz ou não felicidade; foi no passado que você criou a "verdade" de que empresário explora os funcionários ou que gera prosperidade.

E tem como mudar a mentalidade? Sim. Esta é a grande notícia.

E como fazer isso? Nada é mais rápido para mudar a sua mentalidade do que mudar o ambiente em que você está inserido. Se quiser ter mais sucesso na vida, passe a se relacionar com profissionais e empresários mais bem-sucedidos. Siga nas redes sociais somente pessoas que você admira. Passe a ler um livro de um autor consagrado.

E qual é o padrão do sucesso? Mentalidade de solução. O passo é entender – e não lamentar – o problema e focar totalmente a solução. Comece fazendo isso!

2) AMBIÇÃO

Sempre digo para os meus alunos: "Quando você começar a ajustar a sua mentalidade, você se tornará mais ambicioso". Ou seja, você verá a prosperidade mais próxima de você e a almejará. E ambição é, de modo simples, a definição de onde você quer chegar em determinado tempo. Exemplo: "Vou abrir a minha empresa em até dois anos"; "serei milionário nos próximos doze meses". Ambição é o alvo. É o que você precisa grudar na parede da sua casa para não desapegar mais.

3) HABILIDADE

É o que você precisa saber fazer para chegar ao seu objetivo. Quando você define a sua ambição, precisa agir em torno das habilidades necessárias para alcançá-la. Ambição sem preparo só gera frustração.

Costumo dizer que "o mundo está cheio de gente despreparada e com sonhos grandes". E, infelizmente, essa conta não fecha e é por isso, certamente, que existem tantas pessoas frustradas por aí. Habilidades são adquiridas quando você, por exemplo, estuda como montar times de sucesso, quando entende como montar um processo de vendas na sua empresa.

Mas, afinal, quando será que tudo isso foi mais decisivo na minha vida? Desde os meus 20 anos, evoluí muito profissionalmente. De maneira constante. Mesmo depois do meu grande erro profissional, virei o jogo em pouco mais de um ano. Com 22 anos, eu já havia me tornado gerente comercial da empresa. Porém, mesmo tendo bons cargos ao longo da trajetória, a equação ainda não estava completa. Faltavam algumas peças na *mentambilidade*. Eu havia chegado já aos 33 anos e o meu cenário de prosperidade ainda não estava do jeito que eu esperava. Precisava evoluir. Precisava virar algumas chaves.

Foi quando eu fiz uma reflexão profunda e entendi que era na mentalidade que eu ainda estava falhando. Ou seja, faltava eu lapidar ainda mais essa área. Eu já sabia tudo o que precisava ser feito, mas ainda não tinha tomado algumas decisões importantes.

Foi então que acelerei o meu movimento em busca de boas conexões. Comecei a buscar ainda mais conviver em ambientes com empresários de sucesso. Com pessoas inspiradoras. Com pessoas muito mais inteligentes do que eu. Aprendi, inclusive, que eu deveria estar em ambientes em que não fosse um dos mais preparados. Precisava estar com pessoas que pensavam diferente de mim e, especialmente, de modo mais ambicioso. Assim que me abri para isso, tudo se completou.

Sendo assim, caro leitor, quero que você "desista de desistir". Lembro-me muito bem dos primeiros anos de trabalho em que eu me deslocava para a empresa com a minha motocicleta. Eram 60 quilômetros diariamente. No frio. Na chuva. Em qualquer situação, não tinha escapatória. Por muitas vezes, chorei. Era o momento de estar só com os meus pensamentos. Olhava para o céu e pensava: "Será que realmente tem algo bom para mim no futuro? Será que chegará a minha vez?".

E demorou. Demorou. E demorou. Parecia que nunca chegaria o tal "dia". Deu vontade de desistir. Passaram-se anos. Mas eu me apegava sempre à frase "desista de desistir". Com tudo o que eu havia estudado, preparado e me esforçado, não poderia dar errado. A prosperidade seria inevitável.

Veja: "A *prosperidade* é inevitável". Anote isso! Quando tomar a decisão de ser um sucesso e adotar os passos que lhe aconselhei, grave essa frase para nunca mais esquecer: "A prosperidade é inevitável".

Como comentei no início deste capítulo, com 20 anos de idade tomei uma decisão: "Aos 35 anos, serei um profissional bem-sucedido e estarei nos palcos contando a minha história".

Pois bem. Fui intraempreendedor até os meus 33 anos. Em 2021, em meio à pandemia de Covid-19 e com a minha esposa grávida da nossa segunda filha, tomei a *decisão* de deixar a carreira corporativa e me tornei empreendedor.

Com 35 anos, o meu sonho se materializou ainda mais. Além de estar prosperando constantemente no meu negócio, realizei uma primeira palestra para centenas de pessoas. E adivinhe como fiz a abertura? Sentado em um palete.

Desista de desistir. Cultive sua mentalidade de solução. Tenha uma ambição clara. Desenvolva habilidades para chegar nela. E, pode acreditar, a prosperidade se tornará inevitável.

26.

CASAIS FELIZES PROSPERAM JUNTOS

#casal #felicidade #prosperidade

F ernanda Tochetto Bertuol é psicóloga, treinadora comportamental e mentora de empreendedores.

Isaac Bertuol é médico neurocirurgião, especialista em neurorradiologia intervencionista e especialista em tratamento intervencionista em dor.

Fernanda Tochetto e Isaac Bertuol

@fernandatochetto
@drisaacbertuol

© Igor Azevedo

O desalinhamento de expectativas, de objetivos e do caminho a ser seguido como casal é a maior dificuldade que observamos no crescimento pessoal e na realização profissional das pessoas. E isso acontece porque compartilhar a vida, os sucessos e os fracassos com outra pessoa requer autoconhecimento, empatia, apoio, paciência e respeito. Casais que não definem o destino juntos passam a vida apenas dividindo, em vez de potencializar as suas escolhas.

Assim, possivelmente se encontram com dificuldades e desafios que seriam desnecessários se estivessem alinhados no seu propósito, nos valores e nas decisões para o futuro. Os anos passam, os compromissos mudam, a vida vai acontecendo e os resultados seguem iguais. É comum também observarmos casais que não possuem objetivos compartilhados, entrando no piloto automático da vida, reagindo às situações e reclamando de probabilidades óbvias, consequências de objetivos egocêntricos, submissão, insegurança, crenças culturais, violência emocional, ignorância e fraqueza emocional.

Esses casais vivem na correria do dia a dia, se esquecendo do que fazer para ser feliz, viver com amor, cumplicidade, realização e construir uma vida próspera. E na desordem das coisas, quem somos nós para julgar, já que está cada vez mais comum conhecer alguém, morar junto e dividir as contas em um curto espaço do tempo. Em um piscar de olhos, formam-se muitas famílias.

Ou então, tantos outros vivem à espera pelo melhor dia. O dia em que o sucesso vai chegar na carreira, o dinheiro vai alcançar os objetivos e as conquistas materiais vão acontecer. Nesse caso, o tempo precioso terá passado e eles perderão as melhores oportunidades da vida também. Ver casais não prosperando juntos é um desperdício de vida e um crime emocional para as famílias.

E falar sobre isso é urgente! Principalmente porque é cada vez mais comum vermos casais vivendo dentro da mesma casa sem objetivos compartilhados. Pais transferindo a responsabilidade pela educação emocional e intelectual de seus filhos para as escolas, separações e famílias sendo destruídas pela falta de alinhamento, propósito e cumplicidade. Falta de comunicação, divergências de valores e expectativas, falta de intimidade, infidelidade, dificuldades financeiras, desgaste da rotina e tantos outros sintomas são lugar-comum nesse cenário caótico em que vivemos.

Se você quer, portanto, salvar a sua família, ou apenas entender um pouco mais sobre como pode potencializar os seus objetivos como casal, fique aqui porque conversaremos sobre a nossa experiência em relação ao tema, para que possamos contribuir com o seu desenvolvimento pessoal e profissional a partir da construção de prosperidade.

Mas, antes de avançarmos, vale reforçar alguns indícios que vemos na sociedade e que dizem respeito a essa falta de alinhamento entre os parceiros. Eles experimentam a infelicidade, a falta de prosperidade e sentem que a vida segue em um piloto automático, que as dificuldades e os resultados são sempre os mesmos. A sensação é sempre de mais responsabilidades, mais compromissos financeiros, a vida acontecendo, o tempo passando cada vez mais rápido. Têm menos tempo para cuidar de si e cada um segue a sua rotina e as próprias responsabilidades, um julgando o outro sobre as sobrecargas dentro de casa e com pouco tempo para falar sobre o casal, sobre os objetivos compartilhados, sobre o apoio e as mudanças necessárias para prosperar. Por conta da rotina, dos desafios profissionais e das obrigações, o cansaço é excessivo e segue ao lado do estresse, da baixa convivência e do afastamento pessoal.

Ademais, os compromissos pessoais e profissionais aumentam com o crescimento na carreira e com a decisão de formar uma família, então a comunicação começa a ocupar menos espaço entre o casal, o tempo parece passar cada vez mais rápido e o cansaço afasta os parceiros de vida. As noites começam a ser diferentes! A família se forma, os filhos chegam, o sono passa a sofrer interferência. A rotina dos filhos passa a ser a dos pais e, se a atenção não estiver presente, acontece o afastamento na relação afetiva e sexual. Em outras palavras, a vida acaba funcionando em uma rotina acelerada e com poucas trocas, gerando um desfiladeiro que se estende entre os parceiros que, em muitos casos, é imperceptível e mina o amor e o relacionamento.

Assim, perceba que prosperar é uma questão de disciplina. Mas como? A partir do momento em que ela fortalece o amor, a saúde, a família, a educação dos filhos e os sonhos a serem alcançados. É preciso aprender e praticar os princípios para uma vida feliz e próspera, garantindo o sucesso emocional e financeiro do casal. Fazer isso permitirá que as decisões sejam tomadas em conjunto e sem pressão, além de gerar felicidade e prosperidade na construção do destino lado a lado. Essa é a regra para viver o jogo da vida e formar filhos emocionalmente saudáveis e felizes.

Veja, então, o passo a passo que preparamos para você construir isso em sua família também! Essa metodologia, criada dentro da nossa própria casa, é um instrumento poderoso para que você possa sair do rascunho a partir de agora. Vamos lá!

DESTRAVEM O EMOCIONAL

Destravar o nosso emocional foi o ponto-chave da evolução. Foi um ato de transformação e nos levou em direção à prosperidade. Para isso, é preciso aplicar a técnica 3D (destravar, despertar e decidir). Destravar a mente, aprender a lidar com crenças limitantes, medos e frustrações. Despertar o potencial máximo, ter hábitos e rotinas familiares, criar momentos que favoreçam a comunicação, o relacionamento e a vida familiar, olhar para a carreira do casal e servir de apoio mútuo um ao outro no crescimento e no sucesso. Decidir o destino da família juntos, quais sonhos desejam realizar e, principalmente, como lidar com o crescimento e o dinheiro. A fé e a presença de Deus na nossa vida sempre foi um alicerce primordial. Orarmos juntos diariamente nos fortalece como família e as nossas decisões!

Esse foi o caminho que buscamos para evoluir nesses vinte e um anos que estamos juntos. Foram os princípios-chave para prosperarmos, nos tornarmos um casal feliz. No QR Code a seguir, que preparamos especialmente para o livro, você compreenderá a técnica e se utilizará dela diariamente, alcançando a prosperidade do casal.

PARA ACESSAR, BASTA APONTAR A CÂMERA DO SEU CELULAR PARA O QR CODE OU COLOCAR O LINK EM SEU NAVEGADOR.

https://conteudo.
fernandatochetto.com.br/
tecnica-3d

COMPARTILHEM METAS

O segundo passo é ter metas claras e compartilhá-las com o seu parceiro. Desde que nos casamos, temos o nosso diário da prosperidade e nele escrevemos, todo ano, como vamos viver, o que vamos realizar, quais são as nossas metas de saúde, com a família, com a carreira e para a nossa espiritualidade.

E as recompensas nos mantêm focados, pois percebemos que é possível usufruir da vida, viajar e ter tranquilidade financeira para vivermos bem, sempre guiando a educação da nossa filha e nos mantendo focados em nosso destino.

UM BÔNUS

Ao longo dessa jornada, surgiu o podcast *Saia Do Rascunho*. No episódio 35, você encontrará uma entrevista em que falamos da nossa vida e como transformamos os nossos resultados pessoais e profissionais. Deixamos ali um pouco do que você leu aqui e acessou por meio da técnica 3D, mas também muitas outras histórias sobre como a nossa vida mudou a partir dessa técnica.

Hoje, enquanto escrevemos este capítulo, são mais de cem episódios lançados que têm como objetivo fortalecer o aprendizado e ajudar a destravar a vida das pessoas. Para acessar o podcast, aponte a câmera do seu celular para o QR Code a seguir ou coloque o link em seu navegador.

Por fim, mas não menos importante, vamos também disponibilizar o livro digital *Decifre sua mente, destrave seus resultados*,[1] também a partir do QR Code e link a seguir.

PARA ACESSAR, BASTA APONTAR A CÂMERA DO SEU CELULAR PARA O QR CODE OU COLOCAR O LINK EM SEU NAVEGADOR.

https://open.spotify.com/show/
0JORzVzRoFJFybqbdVFO
K1?si=6d2cdb0afa4b4c94

PARA ACESSAR, BASTA APONTAR A CÂMERA DO SEU CELULAR PARA O QR CODE OU COLOCAR O LINK EM SEU NAVEGADOR.

https://www.fernandatochetto.
com.br/landingpage/livro-
digital-decifre-sua-mente

Os holofotes mostram o nosso sucesso e nossa realização, a liberdade que construímos com o nosso conhecimento e as relações e nossas conquistas materiais, mas nem sempre foi assim. Logo após o nosso casamento, passamos por uma tempestade. O nosso sonho era morar em Caxias do Sul, principalmente para que o Isaac pudesse se tornar neurocirurgião na cidade em que nasceu. Porém, devido a interesses alheios e incontroláveis, isso não foi possível.

Rodamos o país em busca de uma oportunidade até firmarmos as nossas raízes na cidade de Lajeado (RS). Foram anos difíceis, de muito medo, angústia, ansiedade e frustração. Nesses momentos, tivemos que ser

---

1   TOCHETTO, F. **Decifre sua mente, destrave seus resultados**. *E-book.*

fortes, tínhamos somente o nosso estudo e os nossos carros. Mudamos de cidade, passamos a viver em uma nova cultura sem nenhum apoio, apenas com o desafio de nos inserir na comunidade e construir uma trajetória para colher bons frutos.

O primeiro ano foi muito desafiador e existiam muitas dúvidas e anseios. Estávamos correndo sempre em busca de respostas e de mais oportunidades, afinal, tudo poderia dar errado em uma situação tão instável. E assim aconteceu o nosso fortalecimento emocional, a construção das metas, o apoio e a parceria. Foi a partir da decisão de construir juntos, de respeitar e ter cumplicidade um pelo outro, dando apoio para o parceiro nas adversidades e oferecendo a mão sempre que necessário. Essa foi a jornada que fundamentou a técnica 3D que hoje impacta milhares de vidas e famílias. Vencer na dor e na parceria, com objetivos compartilhados, nos permitiu ser felizes e prosperar para que hoje possamos servir de inspiração para tantas famílias.

Então chega de adiar a sua felicidade! Você merece viver uma vida com liberdade emocional e financeira, merece ser feliz e prosperar. Compreendemos que, assim como nós, você deve ter vivido ou estar vivendo momentos desafiadores, e pode achar que esse caminho não é para você. Então, repita conosco: "Eu me sentirei livre e feliz quando alinhar a minha mente e quando as minhas decisões forem verdadeiramente compartilhadas".

Só faça isso, mesmo que ainda não esteja confiando. Entregue-se, experimente. Pequenos ajustes têm um impacto gigante. É possível prosperar, crescer e compartilhar. E quanto mais o casal evolui, mais os filhos evoluem também. Mais a carreira se desenvolve, mais impacto é gerado nos negócios e, como consequência, todo o ambiente em que estão envolvidos também cresce.

Para que isso aconteça, é fundamental acessar o poder da mente, da sua capacidade de transformação pessoal e profissional. Assim temos certeza de que você sentirá os efeitos da prosperidade. Quando se conectar consigo mesmo, com o seu ser, e alinhar o que precisa ser feito, terá o que um dia pareceu inalcançável.

Então permita-se evoluir e construa esse momento. Tenha um momento com o seu parceiro ou parceira e converse sobre o que realmente está acontecendo na vida do casal, na família e aonde querem chegar juntos. Ajuste a rota e programe os momentos que geram felicidade na sua rotina e na da família. Crie espaços na sua semana para conversar sobre o destino, sobre metas e responsabilidades, mas também sobre as oportunidades de melhoria. Aprenda a aprender com o seu parceiro como evoluir como pessoa e profissional. Esteja aberto a receber feedbacks e transformar a sua vida com quem está ao seu lado. Com quem é o seu maior aliado.

Sejam felizes juntos e construam a vida que merecem. É hora de sair do rascunho!

27.

O PROGRESSO SÓ ACONTECE FORA DA ZONA DE CONFORTO

#empreendedorismo
#desenvolvimentopessoal #sucessão

Franciele Diehl é mãe do Rafael, esposa, engenheira química e empresária. Nascida e residente em Estrela (RS), é neta de agricultores e na infância adorava passar as férias e os fins de semana no interior. Em 2010, nasceu a Eco Diehl, empresa de saneamento em que é sócia-fundadora, atuando no ramo de perfuração e manutenção de poços tubulares profundos. Atua também como responsável técnica e consultora de empresas de transporte de produtos perigosos e esgotamento sanitário.

Faz parte da diretoria da Câmara de Comércio, Indústria, Serviços e Agronegócio (CACIS) de Estrela, cujo propósito é desenvolver ações em prol da classe empresarial. Do mesmo modo, ajudou a fundar o grupo CACIS Mulher, porque acredita que as mulheres precisam se fortalecer e encorajar umas as outras. É membro do grupo de empresários Tittanium Partners, liderado por Fernanda Tochetto.

Franciele Diehl

@ @frandiehl

© Estúdio Prime

mpresas familiares, em geral, estão acompanhadas do desenvolvimento conjunto de pessoas e possuem uma estrutura administrativa pequena, o que pode ser ótimo na hora de tomar decisões. Entretanto, pensando no futuro, percebo que é crucial olhar para essa empresa como um sistema separado – negócio e família. Vejamos o porquê.

Os desafios vão aparecendo no dia a dia, os problemas precisam ser resolvidos e a diferença de pensamentos e caminhos a seguir são naturais. Mas quando essas questões da empresa precisam ser tratadas e resolvidas com pessoas da família, a carga emocional sempre é maior porque, no inconsciente, ficamos nos questionando se o outro ficará ou não chateado se discordarmos ou tivermos opiniões diferentes sobre determinado assunto. Também nos perguntamos se seremos vistos como provocativos caso exista a necessidade de um posicionamento mais forte e incisivo. Temos medo do julgamento!

Separar o negócio das relações familiares não é uma tarefa fácil. Muito se fala em comunicação e planejamento, mas, para isso, é necessário sentar-se em família no negócio para conversar e planejar, sem misturar as relações e sentimentos, para evitar os temidos conflitos.

Na empresa, até pode ter sido um dia difícil, com muitos desafios e até mesmo adversidades por diferenças de opiniões na hora de uma decisão importante; mas, à noite, quando chegamos em casa, precisamos voltar à relação familiar, esquecer o que aconteceu no dia, mesmo tendo vontade de fechar a cara para a outra pessoa.

No churrasco de domingo, as conversas precisam ser leves, sem assuntos da empresa, mesmo que seja muito natural que eles apareçam. Mas precisamos contornar esse cenário para evitar desentendimentos e até mesmo a opinião de terceiros que não estão envolvidos no negócio – e que podem levar a conversa a um tom de discussão ou um mal-entendido.

De maneira contínua, no crescimento da empresa, existe também o desenvolvimento individual de cada pessoa envolvida. Assim, conciliar todos os aspectos familiares e profissionais é de extrema importância, pois só assim podemos estabelecer objetivos claros e evolução contínua. Além, é claro, de aprender a lidar com as dificuldades e procurar encontrar o que de mais positivo pode existir em cada pessoa ou situação empresarial.

Vejo, portanto, que o planejamento é importante, principalmente nas empresas familiares, pois a dificuldade de separar a parte emocional e intuitiva racional pode levar a uma tendência para os interesses pessoais.

Além disso, quando existem gerações diferentes, é preciso deixar o julgamento de lado e entender que a resistência a mudanças é natural, mas é importante reconhecer os antecessores e mostrar como as mudanças vão melhorar a gestão do negócio e os relacionamentos no dia a dia, porque tudo deve ser baseado em dados. Igualmente, é preciso identificar os membros e realizar a seleção adequada às funções, para que cada um desempenhe o seu papel de modo a somar no negócio, visando o crescimento e a perpetuação – o que nos leva ao tema da *sucessão*.

A sucessão do negócio familiar deve ser bem planejada, documentada e toda a família deve estar ciente para que não ocorra o jogo de poder, evitando conflitos de valores que podem vir a afetar e destruir relações familiares, bem como interferir na gestão do negócio, como o enfrentamento de dificuldades financeiras e confusão na gestão da equipe. Buscar um olhar externo para ter uma visão mais clara ajuda bastante, e assim conseguimos separar o individual e criar um senso coletivo que funcione de modo orgânico e organizado.

A situação real, no entanto, é que muitas famílias vivem a angústia quando o assunto é sucessão e gestão da empresa familiar. É um sentimento forte, aquela sensação de aperto no peito, de mostrar a própria capacidade e ter a aprovação de quem está ao nosso lado. Penso que a busca pela aprovação e o receio do julgamento nos levam a um conflito interno muito grande, pois acabamos nos exigindo muito e questionamos as nossas habilidades e capacidades a todo momento, pensando que nunca estamos fazendo o suficiente nem dando o nosso melhor.

No dia a dia, precisamos tomar decisões racionais, mas acabamos, de maneira inconsciente, agindo emocionalmente, por isso é importante entender o momento que estamos vivendo no negócio e na vida pessoal para desenvolver a inteligência emocional. É respeitar o tempo das coisas e observar em quais áreas estamos errando ou onde podemos melhorar, pois o nosso comportamento muda todo o jogo, tanto na vida pessoal quanto nos negócios.

Assim, a gestão emocional é um pilar importante e será um diferencial daqui em diante, pois o mundo externo nos cobra demais e o nosso inconsistente mais ainda, pois os conflitos internos e o receio estão sempre conosco e, se não aprendermos a equilibrar as emoções, seremos engolidos. É preciso também pensar no autoconhecimento de cada pessoa para que o coletivo se encaixe.

E sabe por que todas essas situações estão presentes? Em minha percepção, as crenças limitantes são paralisadoras e contribuem para esse cenário, pois a todo instante estamos nos questionando se somos ou não capazes, queremos mostrar as nossas competências e estamos sempre esperando algum tipo de aprovação da sociedade ou das pessoas próximas.

A falta de comunicação e o receio nos levam aos caminhos da insegurança, pois tudo fica nas "entrelinhas" e a incerteza pode nos paralisar, já que não sabemos se estamos atendendo às expectativas. Por isso, é muito importante o diálogo e até mesmo um simples elogio. Quero que você entenda que não é uma questão de carência, mas sim de reconhecimento, pois na empresa familiar acabamos assumindo muitas responsabilidades e, na rotina do dia a dia, se não tivermos momentos para analisar o negócio, para entender se estamos no caminho correto e realizar os ajustes, acabamos baixando a cabeça e trabalhando feito doidos. Como consequência, aquela sensação de que estamos evoluindo e atendendo às expectativas não fica clara e o resultado é o famoso sentimento de desmotivação.

Mas fique calmo, pois existe uma solução. Michael John Bobak, artista visual, compositor, escritor e poeta, diz que: "Todo progresso acontece fora da zona de conforto".[1]

Todos nós já escutamos aquela frase "o óbvio precisa ser dito", e ela faz ainda mais sentido nas empresas familiares porque o medo de falar e ter que encarar as diferenças é muito forte. E, na grande maioria das vezes, os problemas se formam porque as regras não estão claras.

De certo modo, acaba sendo irônico, porque a falta de regras e de clareza de onde estamos e aonde queremos chegar acaba gerando as divergências, porque o caminho seguido pode estar bom para alguns membros da família, mas em outros pode estar gerando frustações.

Sendo assim, o caminho mais fácil seria sentar e alinhar o negócio, mas daí voltamos às crenças, porque as gerações passadas não aprenderam a conversar. Acabavam fazendo o que achavam que era necessário e não enfrentavam os mais velhos por "respeito". Principalmente na relação pai e filho, não existia questionamentos.

Assim, para que você possa lidar melhor com essas questões, separei alguns passos e explicarei em seguida como eles ajudaram a minha jornada.

---

1   MICHAEL John Bobak é um artista visual, compositor, escritor e poeta norte-americano [...]. **Forbes Brasil**, 10 out. 2022. Facebook: ForbesBrasil. Disponível em: https://www. facebook.com/ForbesBrasil/photos/a.408793352516499/5598812326847883/?type=3. Acesso em: 4 dez. 2023. Em tradução livre do original: "All progress takes place outside the comfort zone".

AUTOCONHECIMENTO

A busca por conhecimento foi um divisor de águas na minha vida e na forma como passei a encarar a empresa familiar. No início, havia muitas divergências porque eu queria impor as minhas ideais ou queria que a minha opinião fosse aceita. Na minha inocência, achava que um diploma na mão era o bastante para ser ouvida ou ter credibilidade.

A partir do momento que compreendi que o vitimismo não me levaria a lugar nenhum, que eu deveria assumir a autorresponsabilidade, e mais, que compreendi que os meus pais fizeram o melhor pra mim diante da criação que tiveram e das crenças que carregavam, virei a chave e comecei a encarar as coisas de modo diferente.

Comecei a me desenvolver e entender sobre o que eu consigo mudar e o que eu devo aceitar, pois todas as pessoas têm a sua história e a sua bagagem. Mas, principalmente, entendi que podemos pedir ajuda, pois não precisamos resolver tudo sozinhos ou carregar o mundo nas costas para ter aprovação.

Então busque o autoconhecimento em sua jornada e utilize essas palavras como o seu guia. Tenho certeza de que a caminhada ficará muito mais leve daqui em diante!

GESTÃO

Além de buscar conhecimento na minha área de formação para aplicar nos serviços prestados pela empresa, comecei a estudar e a entender sobre gestão de negócio, sobre tributação e quais eram os impactos dessas áreas nos resultados e no futuro do negócio.

A partir do conhecimento, comecei a trazer fatos e dados para a mesa e ficou mais fácil argumentar as minhas sugestões, porque as informações concretas geram debates saudáveis que facilitam a tomada de decisões e as próximas ações da empresa.

NETWORKING

Além de buscar conhecimento, comecei a participar de grupos com outros empresários para entender o que eles estavam fazendo, o que dava certo e errado e como eles enfrentavam os desafios, porque sim, a minha outra virada de chave foi perceber que todos nós enfrentamos desafios diários e, várias vezes, eles são muitos parecidos.

Nessas trocas, entendi que preciso desenvolver o meu emocional para lidar com as adversidades que surgem, uma vez que os desafios sempre vão existir. O clima muda, o governo muda, a tributação muda, então preciso ser corajosa e resiliente, conviver com as pessoas que alcançaram o sucesso, trabalhar e continuar no caminho do desenvolvimento para enfrentar as percalços ao longo da trajetória.

JAMAIS DESISTIR

Aprendi que vão existir dias mais difíceis e que jogar a toalha não é uma opção, porque o receio do fracasso é real, mas quando decidi estar no negócio sabia que precisaria estar disposta a passar por momentos adversos.

INSPIRAÇÃO

Não posso deixar de mencionar o livro *Destrave a sua vida e saia do rascunho*,[2] de Fernanda Tochetto, que é treinadora comportamental e mudou a minha vida desde o primeiro momento em que a conheci, me trazendo clareza sobre a importância da gestão da minha vida e carreira e a forma como isso impacta o negócio.

Joel Jota é outro mentor que vale a pena acompanhar! Ele traz clareza sobre assuntos relacionados a auto e alta performance nas situações do dia a dia, seja em seus livros ou em seu podcast, para o qual ele traz convidados. Acompanhe!

Por fim, gosto muito do conteúdo que o Marcelo Germano traz no podcast *Empresa Autogerenciável*, em que ele explica que é possível ter uma empresa autogerenciável, abordando temas importantes e que merecem a atenção dos empresários de uma forma clara e objetiva.

Seguindo em direção ao fechamento do capítulo, posso citar que um dos momentos mais marcantes na minha vida foi ter acompanhado de perto a dissolução da empresa familiar com o meu pai. Era uma organização que havia iniciado com o meu avô paterno e estava na segunda geração, mas já tinha a participação de membros da terceira geração e eu era um deles.

Desde pequena, acompanhava o meu pai Egidio nas visitas aos clientes e ajudava ele em diversas atividades na empresa, como atender telefone, emitir notas, organizar documentos – e adorava tudo aquilo, porque me sentia importante.

---

2   TOCHETTO, F. **Destrave a sua vida e saia do rascunho**: tenha coragem para assumir os seus planos e blinde sua mente para viver uma vida com abundância. São Paulo: Gente, 2021.

Lembro-me também das tardes em que ele saía para visitar clientes e eu ficava no escritório para atender o telefone e receber os clientes. Meu avô Eugênio sempre estava comigo, sentado na cadeira, olhando para o horizonte. Um senhor mais reservado, mas que havia enfrentado muitas batalhas na vida e conquistado o sucesso. Em alguns momentos, ele compartilhava histórias, e quando chegavam os clientes e eu estava junto para participar daqueles momentos, era uma alegria o ver conversando e sentir o respeito e prestígio que as pessoas tinham por ele. Era incrível. Quando o período estava chegando ao fim, ele tirava o relógio do bolso para conferir o horário, levantava-se, se despedia e seguia para a última tarefa do dia: tocar o sino da igreja às 18 horas. Depois, ele seguia para casa.

Aqui trago um aprendizado muito importante sobre valores, a importância das relações com a comunidade e a credibilidade. Anos se passaram, o meu avô faleceu, a empresa seguiu, os desafios foram surgindo e, anos mais tarde, aconteceu a dissolução de sociedade.

Estar dentro da empresa e acompanhar todo o processo foi difícil, principalmente ver a dor e o sofrimento do meu pai, mas trago muitos aprendizados e um crescimento enorme após essa fase. Mesmo diante das maiores dificuldades, sempre existe algo positivo a ser aprendido ou levado adiante.

Recomeçar e encarar as adversidades foi importante. Entendi que o vitimismo não me leva a lugar nenhum e isso me tornou forte e me deu coragem para seguir e não ter receio do fracasso. Entendi que preciso estar disposta a passar por momentos difíceis e de adaptação, mas preciso trabalhar e ser resiliente porque eles trazem crescimento.

A gestão de uma empresa foi e continua sendo um desafio diário, ainda mais pelo fato de que sou formada em Engenheira Química e, no início, não tinha conhecimento na área de gestão de pessoas e gestão financeira de um negócio. Porém, entender os meus pontos fracos e buscar conhecimento nas diversas áreas necessárias tem sido importante para mim, pois me traz confiança e credibilidade.

Em suma, é preciso ter uma visão macro da empresa, estruturar, planejar, criar processos e desenvolver a cultura para que o negócio funcione de modo saudável e nos permita ter momentos de pausa, pois o merecimento é algo que devemos nos conceder. Além disso, conviver e me relacionar com outros empresários tem sido uma virada de chave importante, porque aprendo muito com as trocas, compartilhando aprendizados e recebendo contribuições para solucionar problemas que eles já superaram.

Uma empresa familiar tem os seus desafios. Sei que é difícil separar o negócio das relações familiares, mas, ao mesmo tempo, tem grandes vantagens, porque, como comentei no início, ter uma estrutura administrativa pequena facilita a tomada de decisão e reações rápidas em situações de emergência. Isso sem falar no desenvolvimento conjunto, pois, independentemente da faixa etária e das diferentes gerações, todos temos algo a compartilhar e a aprender, sempre buscando crescimento e resultados positivos para a empresa.

Por fim, lembre-se de que os valores e a cultura familiar geram relações próximas com a comunidade, garantindo mais credibilidade, estabelecendo vínculos sólidos e trazendo evolução para todos os participantes.

conclusão

DE FERNANDA TOCHETTO E ISAAC BERTUOL

Se você chegou nesta página, é porque finalizou a leitura e deu o primeiro passo que mudará a sua vida. Esperamos que tenha gostado do livro e que consiga aproveitar a oportunidade que tem agora em suas mãos para mudar o jogo e fazer diferente. Aplaudimos as pessoas reais, dispostas a crescer, compartilhar e fazer parte da transformação da vida de novos indivíduos. E você é uma delas!

A partir da nossa experiência de vida e com nossas próprias carreiras, podemos afirmar que ter insights e tomar decisões são ações fundamentais para que a vida saia do papel. São mudanças irreversíveis que acontecem a partir do que aprendemos e das conclusões que tiramos daquilo com que estamos em contato. Ou seja, de nada adianta colecionar percepções e não mudar a realidade das ações. É preciso sentir-se merecedor e prosperar para fazer a diferença nos ambientes dos quais faz parte. E estar aqui mostra que você escolheu fazer a diferença.

Desse modo, faça o que precisa ser feito e nada mais. Prosperar é uma questão de disciplina, pois nos comprometemos com o destino que queremos alcançar e, assim, coisas extraordinárias acontecem.

Além disso, na jornada da vida e dos negócios, jamais se esqueça de dois princípios: (1) o que você não quer; e (2) aonde quer chegar. Isso é ter clareza! E para que você realize essas etapas, é preciso cercar-se de conhecimento e autoconhecimento, de pessoas e ambientes corretos. Tenha paciência, resiliência e congruência!

Para isso, o convidamos a responder a essas perguntas e chamar quem divide a jornada com você para tomar as decisões necessárias:

- Aonde você quer chegar?
- Como você enxerga a sua vida, sua carreira e seus negócios daqui a cinco anos?
- Como você se enxerga daqui a doze meses?

Tire alguns minutos para pensar sobre o que respondeu. Alinhe os seus compromissos com si mesmo, defina objetivos compartilhados se tem um parceiro ou parceria e, nos negócios, chame para o jogo quem ajuda você a transformar o resultado e reafirme os compromissos. Não deixe o tempo passar, decida hoje. Afinal, pode não dar tempo de passar o rascunho a limpo!

Por fim, para fechar este momento, queremos que você zere as suas expectativas, escolha mudar e faça a sua parte. Não espere do outro. Seja a transformação que deseja experimentar e viva a partir dos princípios que também carregamos conosco:

▶▶ Pare de querer subir andares! Suba os degraus primeiro.
▶▶ Pare de se iludir! Faça o passo a passo repetidas vezes.
▶▶ Pare de achar que alguém vai levar você para algum lugar se você não estiver preparado.
▶▶ O resultado que você não tem é causado pelo autoconhecimento que falta em sua jornada.

Perceba que tudo isso é sobre você. Não sobre o outro. O que você vem adiando?

Chega de postergar. Decida! Decida tirar do rascunho as suas metas, decida de uma vez por todas honrar a sua saúde e a sua família. Decida ter fé e agir com autorresponsabilidade. Decida comprometer-se com o sucesso da sua carreira e das suas ações. Afinal, as suas decisões mudam vidas e famílias e contribuem para uma sociedade melhor.

Então, decida!

Este livro foi impresso
pela Santa Marta em
papel lux cream 70 g/m^2
em março de 2024.